U0695264

科学数据素养教育

主 编 刘 敏

副主编 许伍霞 曹小宇

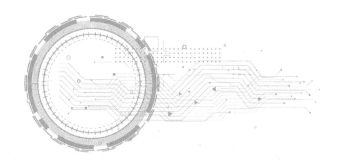

江苏大学出版社
JIANGSU UNIVERSITY PRESS
镇 江

图书在版编目(CIP)数据

科学数据素养教育 / 刘敏主编. — 镇江：江苏大学出版社，2020.6
ISBN 978-7-5684-1367-1

Ⅰ．①科… Ⅱ．①刘… Ⅲ．①信息素养－信息教育
Ⅳ．①G254.97

中国版本图书馆 CIP 数据核字(2020)第 091624 号

科学数据素养教育
Kexue Shuju Suyang Jiaoyu

主　　编/刘　敏
责任编辑/张小琴
出版发行/江苏大学出版社
地　　址/江苏省镇江市梦溪园巷 30 号(邮编：212003)
电　　话/0511-84446464(传真)
网　　址/http；//press.ujs.edu.cn
排　　版/镇江市江东印刷有限责任公司
印　　刷/江苏凤凰数码印务有限公司
开　　本/787 mm×1 092 mm　1/16
印　　张/11.75
字　　数/231 千字
版　　次/2020 年 6 月第 1 版　2020 年 6 月第 1 次印刷
书　　号/ISBN 978-7-5684-1367-1
定　　价/49.00 元

如有印装质量问题请与本社营销部联系(电话：0511-84440882)

前言

随着大数据时代的到来，高等教育不应只培养拥有专业素养的大学生、研究生，更应培养具有数据素养能力的综合型人才。这种人才具备数据素养能力，能够快速、准确、科学地获取、分析和管理数据。同时，他们对数据敏感，能够安全、规范地使用各类数据。鉴于数据素养能力的重要性，编者期望从数据素养角度出发，编写《科学数据素养教育》一书，带着"为何写本书？""本书写什么？""本书写给谁？"三个疑问来分享本书的写作背景、写作内容和阅读受众。

1. 为何写本书？

2015 年 11 月 5 日，《国务院关于印发统筹推进世界一流大学和一流学科建设总体方案的通知》（国发〔2015〕64 号）要求我国坚持以一流为目标、以学科为基础、以绩效为杠杆、以改革为动力的基本原则，以建设一流师资队伍、培养拔尖创新人才、提升科学研究水平、传承创新优秀文化、着力推进成果转化为建设任务。自此，"双一流"建设成为我国从教育大国迈向教育强国的重要转折。2017 年 8 月 18 日，IFLA 颁布的《国际图联数字素养宣言》指出："数字素养是指控制利用数字工具的能力。"2017 年 12 月 8 日，习近平总书记主持中央政治局集体学习时强调："要推动实施国家大数据战略加快完善数字基础设施，推进数据资源整合和开放共享，保障数据安全，加快建设数字中国……"2018 年 4 月 2 日，国务院办公厅印发《科学数据管理办法》，标志着我国科学数据管理进入了国家顶层设计层面。提高数据意识、风险意识，加强和规范数据管理，可以保证科学数据安全、提升科学数据开放共享水平。当今，科学数据成为重要的社会生产力，成为国家基础性和战略性资源的重要组成部分。诚然，科学数据将革新科学研究范式，驱动知识交流生态圈，提高国家科技创新能力，促进科技社会的进步。

因此，在"双一流"建设的大环境下，在数据驱动科研、新兴科学研究范式兴起的时代背景下，开展科学数据素养服务并实现数据价值实时增长，成为高校图书馆新的学科增长点。在这样的时代背景下，本书应运而生。

2. 本书写什么？

2019 年 6 月，依托江苏大学出版社，编者出版了《信息检索与利用》一书。该书可以作为提升数据素养的基础性通识教材，也适用于希望获得数据素养，尤其是检索技能入门的本科生、研究生。本书结合了编者的研究生教学实践，以及科学数据素养教育类课题如 CALIS 全国农学文献信息中心研究项目"'双一流'建设背景下高校图书馆科学数据素养教育实践研究"、湖南农业大学教改项目"高校图书馆防控学术不端行为的作用与途径研究"研究的实际需要。因此，本书撰写的内容继承了《信息检索与利用》一书数字资源范畴的部分内容，如检索策略、检索评价、特种信息检索等。另外，本书从数据生命周期角度出发，对课程内容进行了重新规划和布局，增加了更多知识章节的内容，包括数字资源评价、学术论文投稿、学术不端行为、学术规范、科技查新、个人参考文献管理软件等。本书的写作思路如下图所示：

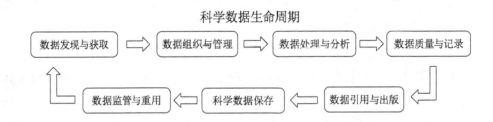

为增加本书的趣味性、实践性，在讲解和介绍具体知识点时，增加了大量的来自教学实习、研究生开题、科技查新等的分析案例，有利于学习者开展针对性学习。

3. 本书写给谁？

科学数据素养教育类课程可以帮助学习者结合数据生命周期，全面掌握科学数据素养的学习技巧，真正实现从数据发现与获取到数据组织与管理，从数据处理与分析到数据质量与记录，从数据引用与出版到科学数据保存，最后实现数据监管与重用。

本书的学习群体主要有三类：一类是从事科学数据素养教育的服务主体，包括高校图书馆、信息情报咨询机构等的专业馆员、培训讲师等；一类是科研院所、高校等从事科研和学习的科技工作者、专业教师；最后一类是从事专业学习、科学研究的研究生群体。

本书由湖南农业大学图书馆刘敏担任主编，湖南农业大学图书馆许伍霞、曹小宇担任副主编。刘敏负责拟订全书的编写方案，并编写了第一至五章的内容，撰写了前言、二维码文本信息；许伍霞、曹小宇等编写了第六至七章的内容，以及各章的实习题和关键术语，整理了本书的目录和参考文献，并对全书撰写内容提出了修改意见。最后，刘敏做了全书的统稿工作。

目前，由于市面上还没有系统介绍科学数据素养教育的图书，编者在编写本书的过程中借鉴了信息素养教育类课程、信息检索与利用类课程，以及近些年研究生教学实践等系列成果，借鉴了国内外同行的相关研究成果、研究生教学实践案例和图书馆的实践工作经验，在此向相关单位、作者及个人致以真挚的感谢！希望本书能让更多的人认知科学数据素养，让更多的人更好地拥抱大数据时代！

刘　敏

2020 年 2 月

目录

第一章

科学数据素养教育导论

本章主要介绍"科学数据素养教育"课程相关联的主要概念、数字资源类型、科学数据素养教育的意义。因涉及"数据""数字资源"等相关概念较多，该章节相关知识点的学习，建议以理解学习为主。

关键术语

信息　情报　知识　文献　数据　科学数据　参考文献　析出文献　电子资源

数字资源　数字信息　原生数字资源　文献数据库　参考文献

本章提要

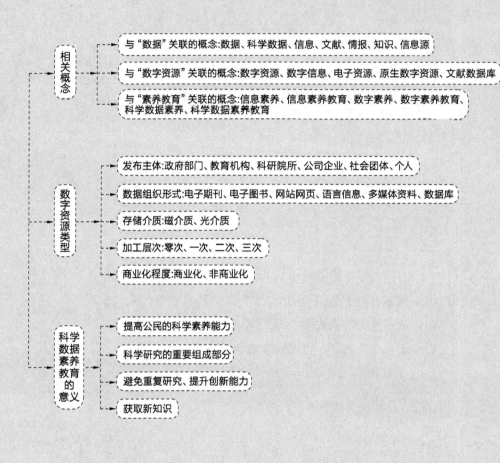

相关概念
- 与"数据"关联的概念:数据、科学数据、信息、文献、情报、知识、信息源
- 与"数字资源"关联的概念:数字资源、数字信息、电子资源、原生数字资源、文献数据库
- 与"素养教育"关联的概念:信息素养、信息素养教育、数字素养、数字素养教育、科学数据素养、科学数据素养教育

数字资源类型
- 发布主体:政府部门、教育机构、科研院所、公司企业、社会团体、个人
- 数据组织形式:电子期刊、电子图书、网站网页、语言信息、多媒体资料、数据库
- 存储介质:磁介质、光介质
- 加工层次:零次、一次、二次、三次
- 商业化程度:商业化、非商业化

科学数据素养教育的意义
- 提高公民的科学素养能力
- 科学研究的重要组成部分
- 避免重复研究、提升创新能力
- 获取新知识

第一节　相关概念

互联网技术的深入发展，为人们的生活、学习乃至工作带来种类丰富的数据和数字资源。人们借助一定的信息通信技术和计算机设备，可以实现对数据及数字资源的接收、应用、分享，甚至创造新的数据和数字信息。因此，拥有较高的科学素养和数字素养，获得充分阅读、理解、吸收和再造数据和数字信息的能力，能帮助人们积极参与现代社会实践，并从中获益，这也是现代公民应具备的科学素养能力。建立良好的科学素养、数字素养，充分利用好各类数据和数字资源，有助于最大限度地满足人们在个人、社会和专业领域的数字需求。

根据网络环境下数字资源呈现的形态，本节介绍三组关联的相关概念：一是广义上与"数据"及"信息"关联的相关概念，包括数据、科学数据、信息、文献、情报、知识、信息源；二是与"数字资源"关联的相关概念，包括数字资源、数字信息、电子资源、原生数字资源、文献数据库；三是与"素养教育"关联的相关概念。

一、与"数据"关联的相关概念

（一）数据

数据是数字、字母与符号的集合，是客观事物与主观思维的具体表达，不限于数值。数据通常用来表示可以由计算机处理的最小信息单元。根据美国数据信息素养项目（Data Information Literacy Projects，DIL）研究成果显示，基于数据生命周期的核心能力包括：数据发现和获取、数据库和数据格式、数据转换和互操作性、数据处理和分析、数据可视化与表示、数据组织与管理、数据质量与记录、元数据和数据描述、实践规范、数据伦理与归因、数据治理和重用、数据保存。

数据与后文提及的信息、知识、文献等概念既有联系又有区别，数据表达的是比信息更微小的形态。因此，本书介绍的"数据"概念也有以"信息""文献信息""数字信息"等术语进行同义表达的现象。

（二）科学数据

2018年3月17日，国务院办公厅公布的《科学数据管理办法》指出："科学数据主要包括在自然科学、工程技术科学等领域，通过基础研究、应用研究、试验开发等产生的数据，以及通过观测监测、考察调查、检验检测等方式取得并用于科学研究活动的原始数据及其衍生数据。"因此，有关科学数据的采集、汇交与保存、共享与利用、保密与安全等都需要严格遵守该管理办法。

（三）信息

"信息"属于图书馆、情报与文献学的一般概念，有广义和狭义之分。《图书馆·情报与文献学名词》一书对"信息"的解释有广义和狭义两种。广义上的信息指客观事物存在、运动和变化的方式、特征、规律及其表现形式，即信息活动中涉及的各种要素的总称。它既包括信息本身，还包括与信息有关的其他因素。狭义上的信息指用来消除随机不确定性的东西，即仅指信息本身。一般来说，信息是指讯息、消息、通信系统传输和处理对象，也泛指人类社会传播的一切内容的统称，包括文字、音像、印刷品、网络信息、电子资源、数据库等。

（四）文献、参考文献、析出文献

《图书馆·情报与文献学名词》中认为，"文献是记录有知识和信息的一切载体"。文献包括四个组成要素：所记录的知识和信息、记录知识和信息的符号、用于记录知识和信息的物质载体、记录的方式或手段，即记录内容、记录符号、记录载体和记录方式。值得注意的是，在图书馆、情报与文献学领域，文献是与"信息"存在交叉使用的概念，如将"文献信息资源"简称为"文献资源"或"信息资源"。

与文献相关的概念还有参考文献、析出文献等。参考文献，一般是指对某一信息资源或其中一部分准确、详细著录数据，常位于文末或文中的信息源。析出文献，属于文献著录时的一个术语，一般在分析著录时用到，它表示从整个信息资源中析出的具有独立篇名的文献；即表示将文献中的一部分内容分析出来，单独作为一个著录单位进行著录。因此，析出文献是从著作或其他类型公开出版的文献中分析出来所获得的文献信息资料。有关参考文献、析出文献的著录规范将在后续章节中详细介绍。

（五）情报

有关情报的概念，一般分为两种，一是等同"信息"的概念；二是关于某种情况的报告，通常具有机密性质或者对抗和竞争性质。因此，"关于某种情况的报告"的情报，可以传递特定效用的知识，它通常是为了解决某个具体问题所需的新知识信息，具有知识性、传递性和效用性。这也是通常我们广义上理解的"情报"的概念。情报广泛应用于军事、政治、经济、商业等领域。

（六）知识

知识是"与使用者的能力和经验结合在一起的信息，或通过学习、实践或探索所获得的知识、判断或技能，用以解决某个问题或创造新的知识"。因此，知识是人们对客观事物本质和运动规律的统称，是人脑加工处理过的系统化信息。

（七）信息源

联合国教科文组织出版的《文献术语》将"信息源"定义为："个人为满足其信息需要而获得的信息来源。"信息源是以满足人们的个性信息需求而获得信息的源头。具体来说，凡是能够产生、生产、载有、存储、加工、传递、共享、再生信息的社会活动场所、机构、人物、产品及自然物质，都可以称为"信息源"。

二、与"数字资源"关联的相关概念

（一）数字资源

数字信息是"以数字形式存取、发布和利用的各类文献、信息、数据等资源的总称"。因此，沿用此概念，数字资源是"以数字方式存储在磁、光、电等介质中，需要借助于计算机、网络或相关设备，可以用来记录、发布和利用有知识或艺术内容的各类文献、信息、数据等所有信息资源的总称"。电子资源与数字资源属于同义词。一般情况下，也把电子资源称为数字资源。

（二）数字信息

一般来说，数字信息的概念内涵小于数字资源，它是"以二进制数字代码记录于磁带、磁盘、光盘等媒介，依赖计算机系统存取并可在通信网络上传输的信息"。数字信息存在于数字环境中，它是社会中组织或个人可能接触的以数字化形态存在的信息资源，以及数字化方式进行信息交流活动各种影响因素集合的最小单元。

（三）电子资源

《信息与文献：参考文献著录规则》中将"电子资源"定义为"以数字方式将图、文、声、像等信息存储在磁、光、电介质上，通过计算机、网络或相关设备使用的记录有知识内容或艺术内容的信息资源，包括电子公告、电子图书、电子期刊、数据库等"。

（四）原生数字资源

原生数字资源是"直接通过计算机等各类数字设备生成，并在计算机系统及相关硬件系统中保存、管理和使用的数字信息资源"。因此，原生数字资源是数字资源的最初形态。

（五）文献数据库

文献数据库，简称文献库、文档数据库、数据库。它是以结构化文献信息为主要内容的数据库。文献数据库产生于20世纪60年代初期，多数是在书本式检索刊物的基础上形成的。按内容，文献数据库可分为一次文献数据库（如全文数据库）和二次文献数据库（如书目、文摘、索引数据库）。当前，数据库更多的是用来表示"长期存储在计算机内、有组织、可共享的大量数据集合。数据库中的数据按一定的数据模型组织、描述和储存，具有较小的冗余度、较高的数据独立性和易扩展性，并可为多用户共享"。

三、 与 "素养教育" 关联的相关概念

（一） 信息素养、 信息素养教育

信息素养是人们利用信息工具和信息资源的能力，以及选择、获取、识别信息，加工、处理、传递并创造信息的能力。

信息素养教育是培养学习者在面对实际问题时可以主动收集信息、筛选利用有效信息、辨别虚假信息，积极主动有效利用信息知识并解决问题的能力。信息素养教育提升学习者的信息法律意识和信息道德要求，承担信息社会责任，逐步提升自主学习、终身学习的意识和能力。

（二） 数字素养、 数字素养教育

数字素养的概念最初出现在 *Digital Literacy* 一书，书中写道："能在网络检索到信息并理解链接背后的含义，同时具备批判思维与整合能力。"随着信息通信技术的深入发展，数字素养的概念被不断解读和挖掘。2017年8月，IFLA发表的《国际图联数字素养宣言》指出：数字素养是一种能发挥数字工具潜能的能力，拥有数字素养能最大限度地高效、有效与合理利用数字技术，满足个人、社会及专业领域的各类信息需求。

数字素养教育是围绕着数字素养而展开的一系列教育，主要是围绕提升使用数字工具的能力与技巧、批判性地理解数字媒体工具和内容的能力、使用数字技术进行创造和沟通的能力而展开的教育。

（三） 科学数据素养、 科学数据素养教育

科学数据素养，也称为数据素养、数据管理素养、数据信息素养、科研数据素养等。术语表达众多，但核心均为"数据素养"。科学数据素养的对象是科学数据，它是收集、处理、管理、理解、评估、转化科学数据，并用于科学研究的能力。

科学数据素养教育是围绕科学数据的采集、汇交与保存、共享与利用、保密与安全而展开的一系列教育活动，用以提升学习者的科学研究水平。

第二节　数字资源类型

数字资源是文献信息的表现形式之一，是由计算机技术、通信技术和多媒体技术交互融合形成，并以数字形式发布、存取、利用和再生的信息资源。因此，数字资源的种类可以以信息资源为基础进行划分，一般可以按照数字资源的发布主体、数据组织形式、数据存储介质、数据加工层次、数字资源商业化情况等来划分。

一、 按数字资源发布主体划分

根据发布来源的主体不同，数字资源可以划分为政府部门、教育机构、科研院所、公司企业、社会团体和个人等类型。

不同发布主体的数字资源侧重点各有不同，政府部门发布的数字资源一般侧重于政府工作报告、法律法规、时政要点、经济动态等，如中共中央人民政府网站发布的各年份宏观经济运行情况、历年的国务院政府工作报告等。科研院所发布的数字资源侧重于科技进展、研究动态、技术创新等，如中国科学院发布中国植物图谱主题数据库，涉及植物学领域动态新闻、系列植物主题数据库、图谱数据检索等。

二、 按数据组织形式划分

按数据组织形式划分，数字资源可以划分为电子期刊、电子图书、网站网页、语音信息、多媒体资料、数据库等类型。数据组织形式不一，数字资源的呈现形态也各不相同。

电子期刊，又称为电子出版物、网络出版物。它是利用数字化技术生产、制作和出版的期刊，包括印刷型期刊的电子版、无印刷版的网络电子期刊、光盘型的电子期刊。电子图书是以数字形式制作、出版、存取和使用的图书。电子期刊和电子图书一般都以磁性或电子载体为存储载体，借助于一定的阅读软件和计算机等设备读取。网页是构成网站的基本元素，由文字和图片构成，还包括动画、音乐和各种后台程序。语音是以声音、音频、音调、音量等形式进行编码转换而成的数字语言信息。多媒体是以文字、图像、音频、视频等多种形式记录相关信息，通过文字、声音和图像以供阅读的文献。数据库是以结构化文献信息为主要内容，如中国知网的中国学术期刊（网络版）数据库，以结构化的电子期刊为主要内容，可以获取绝大部分中文电子期刊数据。

三、 按数据存储介质划分

数据存储介质分为磁介质和光介质两种。磁介质包括软盘、硬盘、磁盘阵列、移动硬盘、优盘、磁带等类型；光介质包括 CD、VCD、DVD、LD 等类型。存储介质的容量范围非常广，小到几百 KB 的 ROM 芯片，大到成百上千的 TB 磁盘阵列系统。

数字资源按照数据存储介质可以划分为硬盘、磁盘阵列、磁带、CD、DVD、LD 等类型。

四、 按数据加工层次划分

按照数据加工层次，可以把数字资源划分为零次数字资源、一次数字资源、二次数字资源和三次数字资源。

（一） 零次数字资源

零次数字资源是数据的最低等层次，是信息组织者或发布者未经过任何的系统加工，且未正式出版发表或未形成正规数字载体刊载的数字信息形式。零次数字资源一般处于杂乱无序的状态，如网站网页上发布的零散信息。

（二） 一次数字资源

一次数字资源是经过初步加工整理的数据产品，但暂未加以系统化整理或序化。它一般为以工作经验总结、实证调研、科技报道等为依据，加工后具有一定见解的原始数字资源，如电子期刊、电子图书、影像资料、新闻报道等。

（三） 二次数字资源

二次数字资源是数据信息加工者运用一定的方法，将零次和一次数据资源进行整理、加工、归纳、提炼和总结之后形成有序、有用的数字资源。它一般是基于数字信息的标题、作者、机构等内容著录、有序化的较高层次的数字资源，如书目检索系统、网络搜索引擎、导航。

（四） 三次数字资源

三次数字资源是在一次和二次数字资源基础上，通过评价、筛选、总结出不同功能的数字信息产品。网络版的百科全书、机构名录、史志传记等，以及收录期刊、报纸、标准、专利、学位论文、图书等两种或两种以上的通用综合型数据库都是三次数字资源。

五、 按商业化程度划分

按商业化情况，数字资源可以划分为商业化数字资源和非商业化数字资源。

商业化数字资源包括数据库商、出版商和其他商业机构以商业化形式向有需求的个人或机构提供各种电子资源，如重庆维普的中国科技期刊数据库和外文科技期刊数据库、Elsevier 公司的 ScienceDirect 数据库，施普林格集团的 Springer 数据库等。商业化数字资源一般是图书馆、科研院所等向电子资源提供商支付一定的费用，或读者个人通过注册账号充值、购买读书卡或其他方式获得数据库的使用权。这种数字资源通常是图书馆数字馆藏建设的重点内容。

非商业化数字资源是各单位自建的特色资源库、开放存取库、机构典藏或免费网络资源，属于单位自建或通过网络途径免费获取。

第三节　科学数据素养教育的意义

科学数据素养教育有助于人们在对数据、科学数据的获取、管理、分析和发表等过程中发现问题，并提出相关解决方案，以提高科研效率。科学数据素养教育也有利于在数字资源检索过程中针对某个主题或研究领域，发现新的研究方向。

从宏观的国家层面来看，科学数据素养有利于国家创新。2016 年 12 月 22 日，我国科技部印发的《"十三五"国家社会发展科技创新规划》指出，"社会发展科技创新是指在生物技术、人口健康、海洋、资源、环境、气候变化、防灾减灾、新型城镇化、公共安全、文体事业等领域，开展科学研究、技术开发及其成果转化应用，支撑引领经济社会发展的价值创造活动"。因此，不论是国家、社会，还是个人，科学数据素养教育有着重要的现实意义。

一、　提高公民的科学素养能力

张之洞曾说过："读书不知要领，劳而无功；知某书宜读而不得精校精注本，事倍功半""得门而入，事半功倍"。这提出了掌握检索知识——目录学的重要性。因此，拥有一定的科学数据素养，就如同拥有了打开智慧大门的金钥匙。人们可以泛舟书海，认知和解读科学数据、媒介信息、数字资源等，并有效地使用这些信息服务于个人生活、工作学习和社会发展。

科学数据素养教育可以有效提升公民的科学素养能力，包括媒介素养能力、信息素养能力和数据素养能力等。科学数据素养是当今社会人们必不可少的科学素养能力，它能帮助公众提升对各种媒介信息的解读和批判能力，有效使用媒介信息，运用信息和信息技术的基本知识、基本技能为个人生活、工作、学习及社会发展服务。科学数据素养教育是科学素养能力培养的重要组成部分，不论是在学习期间还是在工作期间，都需要培养和训练。

二、 科学研究的重要组成部分

科学研究首先是从广泛的文献调研开始的，即从课题调研掌握的资料、信息起步。科学数据素养有利于在基于课题研究最新动态、研究进展等基础上，快速进行开拓性研究，提高科研效率，甚至可以将研究提升至新的理论水平或时间高度。如科学研究方法中的文献综述法，即某一时间内，研究人员就某一主题或专题，通过检索，获得大量的原始研究成果中的数据、资料、主要观点，并加以归纳整理、分析提炼、总结行文的研究方法。

科学研究成果的结题、评价和鉴定等也需要对研究课题的创新性，进行广泛的查新实践，才能做出客观评价，从而得出正确结论。在计算机通信技术发达的今天，科学数据素养能力的高低，往往影响着科研成果的利用程度。例如，申请国家技术发明奖、国家科技进步奖；申请国家自然科学基金项目、省市自然科学积极项目；申请科技成果验收、评估、转化；申请国家发明专利、国家重点实验室评估；博士生开题等，一般都需要进行科技查新或查收查引，以确保研究课题的科学性、创新性。

三、 避免重复研究造成的资源浪费， 提升创新能力

科学研究过程中，任何一项课题从选题、试验到最后出成果，都离不开信息资源，尤其是各种数字资源。科研工作者在选题开始之前，十分有必要进行广泛的检索，以了解同行在相关领域已经做了哪些工作？正在做哪些工作？谁在做？研究进展如何？在此基础上的研究一定程度上避免了重复研究造成的资源浪费，节省了研究人员的时间。也可以在已有研究中寻找研究盲点，提升创新能力。

【实例 1-1】　　 "杜仲红薯粉丝" 的研制。

【题解】　　杜仲属于杜仲科杜仲属植物，具有较高的药用价值和经济价值，在我国种植和使用范围较广，被誉为贫民级的保健药物。张家界被誉为 "杜仲之乡"，张家界市慈利县为全国第二大杜仲林生产基地，但之前杜仲在此地并没有开发好。于是，科研工作者通过大量试验获得相关成果。按照 "杜仲叶提取物 $0.5\% \sim 2.5\%$、红薯淀粉 $96\% \sim 98\%$、食盐 $0.5\% \sim 1.2\%$、食品添加剂 $0.3\% \sim 0.6\%$ 的配比，所述杜仲叶提取物为杜仲叶的醇提取物，所述食品添加剂为硫酸锌与聚丙烯酸钠、醋酸酯淀粉和海藻酸钠中的一

种或多种的混合物"质量百分比的原料经和面、挤压熟化、老化、冷冻、解冻开粉制成一款添加有杜仲提取物的红薯粉丝。这款粉丝增加了保健价值，特殊的原料配比和生产工艺可以有效保持杜仲提取物的营养成分，使产品具有良好的观感和口感，具有较强的韧性，久煮不烂；而且在不添加明矾等有害物质的情况下，实现红薯粉丝的开丝。后来，科研人员进一步研究申报了"一种杜仲红薯粉及其生产方法"的专利、"杜仲红薯粉丝的综合生产技术"和"杜仲红薯粉丝的综合生产技术及其产业化研究"的科技成果。

四、 有利于获取新知识

我国教育部印发的《普通高校图书馆规程》规定："图书馆应积极拓展信息服务领域，提供数字信息服务，嵌入教学和科研过程，开展学科化服务，根据需求积极探索开展新服务""图书馆应重视开展信息素质教育，采用现代教育技术，加强信息素质课程体系建设，完善和创新新生培训、专题讲座的形式和内容"。图书馆通过开展数字信息服务、信息素质教育等多种方式，积极服务于高校的教学和科研工作。而科学数据素养教育是信息素养教育在科技创新时代的发展和延伸，可以帮助学习者获取新知识，提高科学研究水平。

【实例 1-2】 某科研工作者希望了解我国有关小麦套作花生、间作玉米的研究现状，并打算开展"小麦套作花生间作玉米施肥、施药机器"主题研究。

【题解】 通过检索可以了解我国有关小麦套作花生间作玉米的研究现状，如选用中国知网 CNKI 数据库查找数字资源，包括期刊、报纸、学位论文、专利等来源。如图 1-1 所示，选用 CNKI 专业检索，输入 SU＝玉米＊花生＊小麦＊（间作＋套作），用检索式表达实习题的检索要求，得到检索结果，如图 1-2 所示。

图 1-1 CNKI 专业检索

检索结果共计 54 条，对检索结果逐一阅读可知，有《不同施氮量对玉米花生间作下茬小麦干物质积累及产量构成的影响》《小麦玉米花生间作套种保粮增油措施研究》《小麦晚套露地花生间作玉米高产高效栽培技术》等期刊、学位论文、会议论文的相关研究成果。仅1篇题为《一种小麦套作花生间作玉米的种植方法》的专利信息报道与主题研究高度相关，如图1-3所示。因此，对于"小麦套作花生间作玉米施肥、施药机器"主题可以作为深入研究方向及申报相关专利。

图 1-2　CNKI 检索结果

图 1-3　专利检索结果

🔍 实 习 题

1. 与信息关联的概念有哪些？与数字资源关联的概念有哪些？
2. 数字资源常分为哪些类型？它们各自具有什么特点？
3. 数字信息资源检索的意义是什么？

第二章

数字资源的选择与评价

本章介绍数字信息源的选择、数字资源的筛选方法、数字资源的评价等内容，重点掌握数字资源的筛选方法、数字资源的评价，要求学会根据检索结果进行初级分析和利用。

关键术语

查全率　查准率　影响因子　分区　H 指数　引用频次
数字信息源　核心期刊

本章提要

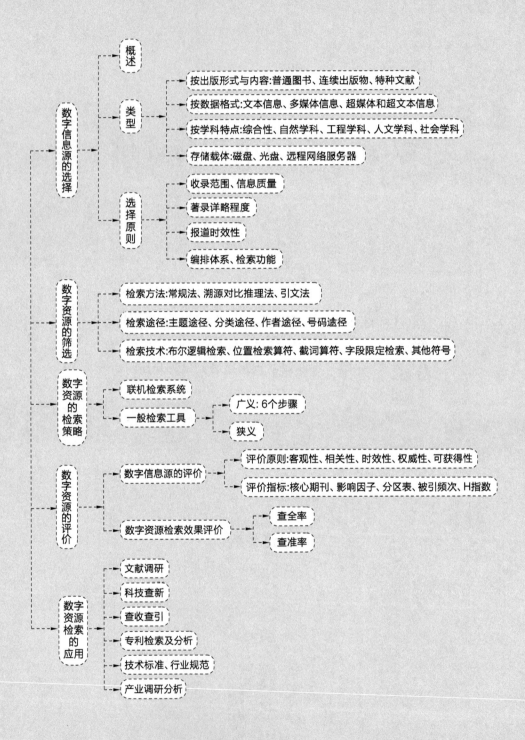

数字信息源的选择
- 概述
- 类型
  - 按出版形式与内容:普通图书、连续出版物、特种文献
  - 按数据格式:文本信息、多媒体信息、超媒体和超文本信息
  - 按学科特点:综合性、自然学科、工程学科、人文学科、社会学科
  - 存储载体:磁盘、光盘、远程网络服务器
- 选择原则
  - 收录范围、信息质量
  - 著录详略程度
  - 报道时效性
  - 编排体系、检索功能

数字资源的筛选
- 检索方法:常规法、溯源对比推理法、引文法
- 检索途径:主题途径、分类途径、作者途径、号码途径
- 检索技术:布尔逻辑检索、位置检索算符、截词算符、字段限定检索、其他符号

数字资源的检索策略
- 联机检索系统
- 一般检索工具
  - 广义:6个步骤
  - 狭义

数字资源的评价
- 数字信息源的评价
  - 评价原则:客观性、相关性、时效性、权威性、可获得性
  - 评价指标:核心期刊、影响因子、分区表、被引频次、H指数
- 数字资源检索效果评价
  - 查全率
  - 查准率

数字资源检索的应用
- 文献调研
- 科技查新
- 查收查引
- 专利检索及分析
- 技术标准、行业规范
- 产业调研分析

第一节　数字信息源的选择

一、 数字信息源

（一） 信息源的概述

信息源，是指信息的来源地，包括信息资源的生产地、发生地、源头、根据地等。联合国教科文组织出版的《文献术语》将信息源（information source）定义为"个人为满足信息需要而获得信息的来源"。因此，一切产生、生产、载有、存储、加工、传播、共享信息的源头，包括社会活动场所、机构、人物、产品和自然物质都可以作为"信息源"。

信息源的内涵十分丰富，包括各种信息载体、信息机构，也包括传统印刷型文献资料、现代电子图书报刊，还包括各类信息存储和信息传递机构、信息生产机构。信息源是人们在科研活动、生产经营及其他社会活动过程中所产生的各种信息来源，以及由此形成的原始信息集合，如科研活动中反映原创成果的原始记录、数据和资料等。

信息源分为数字信息源和非数字信息源。非数字信息源是相对于数字信息源而言的，一般是指印刷物、手稿等形式，如印刷形式的教材、期刊、报纸等。

（二） 数字信息源

数字信息源，即数字资源的信息源（digital information source），是人们在科研活动、生产经营及其他社会活动过程中产生的各种数字信息来源，以及由此形成的原始数字信息集合，即信息源中的数字信息部分。

例如，以结构化文献信息为主要内容的数据库，包括一次文献数据库（全文数据库）和二次文献数据库（书目、文摘、索引数据库），是最常见的数字信息源。如中国知网CNKI数据库（http：//www.cnki.net/）为全文数据库，提供了大量的数字期刊、专利、标准等全文信息的下载、阅读等功能；中国大学MOOC（https：//www.icourse163.org/）提供了许多中国知名高校的MOOC课程，学习者可以获取大量的数字课程信息资源。

二、 数字信息源的类型

不同类型的数字信息源，在信息生产、传递、利用和共享等过程中所起的作用各不相同，因此选择合适的数字信息源十分重要。熟悉各种不同类型数字信息源的特点及用途，可以帮助学习者有效获取数字信息。数字信息源根据不同的标准可划分为不同的类型。

（一） **按出版形式和内容特征划分**

根据出版形式和内容特征，可以将数字信息源划分为普通图书、连续出版物、特种文献。常见的以印刷形式居多。普通图书包括专著、教科书、丛书、工具书等；连续出版物包括期刊、报纸等；特种文献又称为灰色文献，包括专利、学位论文、标准、科技报告等。

将普通图书、连续出版物、特种文献等以数字信息或电子资源形式呈现，是常见的按照数字信息源出版形式和内容特征所进行的分类。例如，电子图书、电子期刊、专利数据库、标准网站等，也指万维网资源、综合型或专题型文献数据库。

（二） **按数据格式划分**

根据数据格式，可以将数字信息源划分为文本信息、多媒体信息、超媒体和超文本信息。

文本信息通常是指依附于原始文献的信息源，即对原始文献中的文字信息进行加工、整理、组合及有序排列。传统的文献数据库，例如电子图书数据库、电子期刊数据库、专利数据库、搜索引擎等均以文本信息作为主要处理对象。用户通过文献数据库可以获得大量的文本信息。

多媒体信息是将文字、声音、图形、图像、视频等多种信息，借助于多媒体技术，通过计算机数字化加工处理而成的信息资源。它聚合了多种信息表示载体，即由数字、文字、图形、图像和视频等组合而成。例如，央视网的"百家讲坛"（http：//tv.cctv.com/lm/bjjt/）收录了大量该节目的多媒体信息资源。

超媒体和超文本信息是由节点和表达节点之间关系链组成的网，每个节点链接在其他节点上，实现用户网站及网页资源的浏览、查询和注释等操作。传统的纸本阅读属于线性阅读，用户必须按顺序阅读。超媒体为非线性网状结构，用户以交叉链接方式，实现感兴趣部分的超链接阅读。超文本可以是图形、图像、视频、音频等多种动态或静态信息。

（三） **按学科特点划分**

根据学科特点，可以将数字信息源划分为综合学科、自然学科、工程学科、人文学科、社会学科。

（四） **按存储载体形式划分**

根据存储载体形式，可以将数字信息源划分为磁盘、光盘、硬盘或远程网络服务器等。

三、 数字信息源的选择原则

数字信息源的选择需要把握信息需求与数字信息源之间的关系，即根据用户的信息需求选择合适的数字信息源。通常来说，信息需求不同，数字信息源就不同。只有根据信息需求查找相应类型的数字信息源，才能最大限度地找到所需信息，满足用户的个性化信息需求。具体来说，数字信息源的选择应注意以下 4 点：

（一） 收录范围和信息质量

收录范围是指数字信息源涉及信息所覆盖的学科面、信息类型和信息数量。信息质量是指数字信息源中报道信息内容的信息水平、加工层次、科学性、准确性和真实性。

查找新闻报道类信息时，应选择报纸、网络新闻等信息源；查找概念、定义及字词解释时，应选择图书、百科全书、字词典工具书等信息源；查找人物史料时，一般选择人物传记、年谱等信息源；查找具体书刊馆藏情况时，应选择馆藏书目检索系统（OPAC）信息源；查找统计数据、财务报表等信息时，应选择年鉴、金融统计类数据库、政府出版物、官方统计网站等；个人治学科研所需时，应查找图书、期刊论文、会议论文、学位论文等信息源。

【实例 2-1】 如何获取我国互联网发展中的中国网民规模数据？

【题解】 可以访问官方站点中国互联网信息中心（http：//www.cnnic.net.cn/），收录中国互联网发展状况、社交应用用户行为、农村互联网发展状况、基础资源服务、搜索引擎等一手信息，数据真实可靠。其中，第 44 次《中国互联网络发展状况统计报告》显示，截至 2019 年 8 月，我国网民规模达 8.54 亿，普及率达 61.2%，较 2018 年年底提升 1.6 个百分点，全年新增网民 2598 万。我国手机网民规模达 8.47 亿，网民通过手机接入互联网的比例高达 99.1%。

【实例 2-2】 以下不能作为查找 Jasminum sambac（茉莉花）功效的英文学术性期刊全文数据库的是（　　）。

A. Science Citation Index 科学引文索引　　　　B. 外文 Springer 数据库

C. FSTA 外文食品科技文摘数据库　　　　D. ProQuest 农业和生物全文数据库

【题解】 选择 A、C，它们均属于摘要数据库，不能提供全文信息；B 为综合性数据库，收录了工程学、农学等学科期刊全文；D 为专题型数据库，收录了农业科学、生物科学期刊全文。

（二） 信息著录详略程度

信息著录特征包括外部特征和内部特征。信息特征著录详略情况决定了用户对信息源的使用效果。数字信息源著录越详细，用户越能最大限度地认知和获取信息源。

一般来说，英文数据库对字母的处理需加工细致，期刊、学位论文和专利数据库比图书的著录要详细，数据库的著录比网络搜索引擎著录要详细（表2-1）。

表 2-1　常见信息著录符号汇总

释义	中文	英文	数字信息源示例
任意字段	任意字段、全字段、全文、所有字段	U、ALL	维普、PQD
标题	标题、题名、篇名、书名、名称	T、TI、TITLE、title、intitle	百度、万方、ScienceDirect、搜狗、SCIE
关键词	关键词、关键字	K、KY、Keyword、Descriptor	中国国家科技文献中心、CNKI
主题	主题词、主题	SU、subject	万方、CNKI
摘要	文摘、摘要	Ab、AB、ABST、abstract	PQD、美国专利商标局
作者	作者、第一作者、著者、导师、第一导师、译者、著者、责任者、通信作者	A、AU、author、publisher、editor	Springer、CNKI、超星

中国知网 CNKI 是一款信息著录详细、类别多样的数字信息源，能够帮助人们快速认识平台的检索功能和检索效果。例如，中国知网 CNKI "文献"类别提供的 "作者"信息著录，包括作者、第一作者、通信作者三种（图 2-1）；提供的 "主题"信息著录，包括主题、关键词、篇名、摘要、全文、被引文献、中图分类号、DOI；中国知网 CNKI "博硕士"类别提供的 "作者"信息著录，包括作者、导师、第一导师三种。

图 2-1　中国知网检索界面

【实例 2-3】　选择百度学术搜索引擎和中国知网 CNKI 数据库，在"标题"中查找

"魔芋""种植"主题的信息。

【题解】　百度、中国知网均提供高级检索界面，选用标题"魔芋种植"作为检索字段（图 2-2、图 2-3）。百度学术搜索提供标题、作者、出版物、发表时间、语种（中文、英文）等字段限定，中国知网 CNKI 提供篇名、关键词、作者、摘要、全文、被引文献、中图分类号、发表时间、文献来源、支持基金等字段限定。

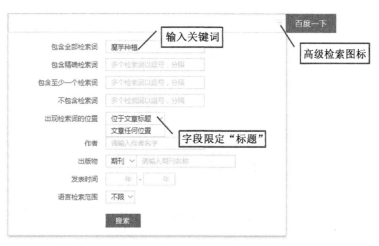

图 2-2　百度学术搜索高级检索界面

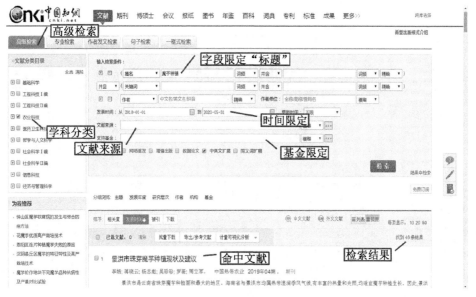

图 2-3　中国知网 CNKI 高级检索界面

百度学术获得检索结果共计300条（图2-4）；中国知网获得检索结果共计46条（图2-5）。

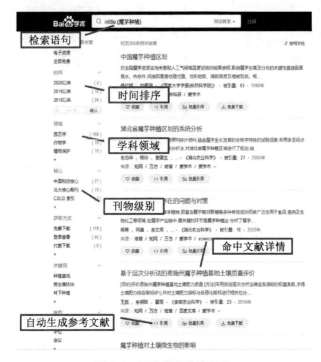

图 2-4　百度学术检索结果

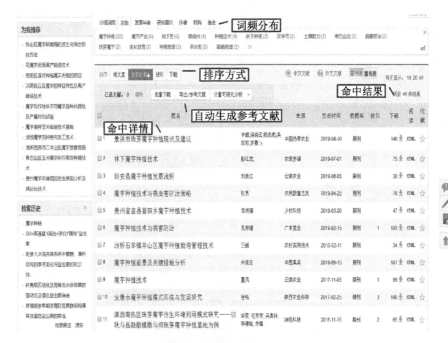

图 2-5　中国知网检索结果

（三）信息报道的时效性

时效性，通常是以报道的时间差来反映。报道时间差是指从原始信息发布到信息源收录报道的时间间隔。对于时效性强的课题，用户对信息报道及时性有较高的要求。一般来说，印刷型信息源报道时效性滞后于数据库、网络搜索引擎等信息源。

（四）编排体系和检索功能

不同的信息源在编排体系、检索功能等方面不尽相同。用户在使用时，应根据具体检索要求加以选择。编排体系和检索功能包括操作界面的简易度、检索路径的多少、检索效果的好坏、使用的方便程度、收录内容的回溯时间等。

一般来说，数字信息源提供的检索途径多、检索功能较为完善、编排体系完整，有利于提升用户数字资源的检索满意度，如提供学科分类浏览，支持主题途径、作者途径、号码途径等。

第二节　数字资源的筛选

数字资源的筛选主要包括检索方法、检索途径和检索技术。

一、数字资源检索方法

数字资源具有数据量大、纷繁复杂等特点。同时，受用户个人知识结构、兴趣偏好、获得数字资源的便利性等因素影响，在数字资源筛选过程中可以借助一些常见的检索方法，保证用户最终获得的数字资源价值最大化。以下主要介绍3种方法：

（一）常规法

常规法是利用常规检索工具查找数字资源的方法，是最基本的信息查找方法。根据时间顺序又分为顺查法、倒查法和时间抽样法。

1. 顺查法

顺查法是利用检索工具，根据研究主题涉及的年代，从过去某一个时间点开始到现在逐年逐月地检索，对检索结果按照时间的顺序分析，得出研究主题的发展脉络和规律。顺查法系统性强，但比较耗时。

2. 倒查法

与顺查法相反，倒查法是从现在往过去逐年回溯，即由近及远、逐年逐卷回溯查找数字资源的方法。例如，查找一定数据量的参考文献，根据参考文献的年限分布情况，可以检出该领域的新信息。

3. 时间抽样法

时间抽样法是抽取某段时间进行检索的方法。这种方法可以把握事物运动发展的不平衡性，实现抽取关键时期、研究高峰时期的信息。

（二）溯源对比推理法

溯源对比推理法包括溯源法、比较法、逻辑法。三者之间各有不同，又存在一定的关联。其中，溯源法是在已有信息基础上追根溯源。比较法是在一定条件下比较各个不同信息对某一事实、论据等的说法、观点或结论。逻辑法是在溯源法和比较法这两个方法的基础上，通过逻辑判断推理而进一步获得最佳信息。

1. 溯源法

溯源法，即追本溯源，对可能用到的信息源涉及的相关方面进行审查核对。例如，查找某刊物上发表信息的原始出处及来源期刊的出版信息，某个数据库收录的学科范围、信息类型、信息数量等，某个学术观点最先由谁提出等。

溯源法一般是在获取了部分已有主题信息的基础上追根溯源。它与下文中的追溯法有相似之处。

2. 比较法

对所获取的信息进行比对，以明确所获取信息对某一事件的说法和结论是否一致。如果二者相差甚远，则需要进一步核查。比较法是在一定条件下，比较不同的信息源对同一事件或主题的说法和结论。

选择数据库资源时，对于覆盖同一学科信息的数据库，有的数据库只收录期刊论文，有的数据库则全面收录期刊论文、会议论文、专利、标准等。因此，需要对数据库进行比对，以利于更全面掌握所需信息的发展脉络和所需类别。不同专家的学术观点存在研究深度、研究角度、研究内容的不同，也需要对其进行比较分析。

3. 逻辑法

逻辑法属于严密的逻辑判断推理方法。在信息检索、筛选、剔除等过程中，结合自身的知识结构、个人经验及判断力，广泛而全面地搜集获取信息。同时，剔除过时、虚假、错误及不相关信息，最终筛选获得最佳信息。逻辑法适合于拥有一定专业学科背景、知识结构体系较为完整的检索用户群体。

（三）引文法

引文法即检索参考文献的方法，又分为追溯法和检索引文法。

1. 追溯法

追溯法属于引文法的一种，是查看一次信息所附参考文献进行追溯检索的方法。检索时，找出与研究主题相关的文章，并获得文后参考文献，再以所列的参考文献作为检索点进行检索，获得另外一批文后参考文献，以此类推，步步回溯，得到的信息也会越查越老。

追溯法可以理解为由近及远地追溯文献。部分中外文数据库、学术搜索引擎均提供有文献参考文献链接的检索功能。中国知网 CNKI 提供"知识节点""知识网络"功能，其"知识网络"中的"参考文献"链接功能的体现，即为追溯法的应用，可以获得已知信息引用参考文献的情况（图 2-6）。

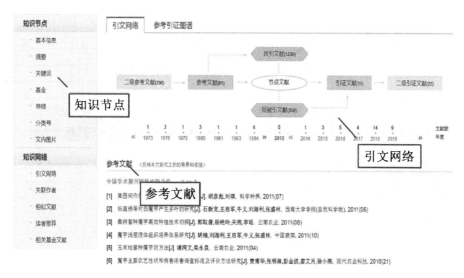

图 2-6　中国知网"知识节点""知识网络"

2. 检索引文法

检索引文法，表示检索已知的引文，查看引用该文献的文献，以此类推，实现越查越新。在 Web of Science 的引文数据库中，可以实现对已知引文的检索，获得引用该文献的新文献。

【实例 2-4】　查找 SCIE 收录论文"A Lightweight TiO_2/Graphene Interlayer, Applied as a Highly Effective Polysulfide Absorbent for Fast, Long – Life Lithium – Sulfur Batteries"被引用情况。

【题解】　打开 Web of Science 核心合集，选择 SCIE 数据库的"被引参考文献检索"功能，检索标识为"被引标题"，并在对应检索框中输入该论文的标题（图 2-7），得到该文 SCIE 被引频次为 311 次的信息（图 2-8）。

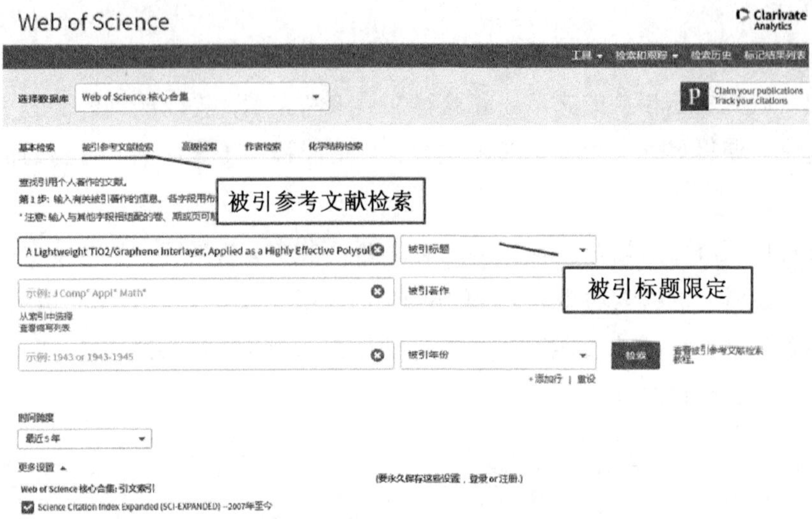

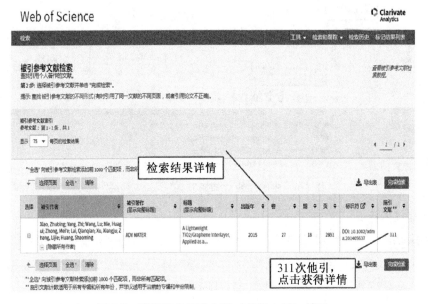

图 2-7　SCIE 被引参考文献检索

图 2-8　引用该文被引文献（施引文献）情况

引文法属于数字资源检索的重要方法。它可以发现重要的数字信息，获取重要文献中的科学数据。依靠专门的引文索引工具，可以获取具体类别信息的引用情况。例如，某本专著被引用情况、某作者发表学位论文的被引用情况、某期刊论文引用的参考文献情况等，以此可以形成相关的知识脉络。常见的专门引文索引有 Clarivate Analytics（科睿唯安）的三大引文数据库 SCIE、SSCI、A&HCI。

【实例2-5】 检索"罗勒烯诱导植物防御"主题论文被 SCIE 收录情况，了解该主题的研究现状。

【题解】 选择检索词 ocimene（罗勒烯）、诱导（induce、induction）、防御（defence）、植物（plant）等检索，得到 6 篇相关文献，被引条数最高的为 23 次，包括 Volatile beta – Ocimene Can Regulate Developmental Performance of Peach Aphid Myzus persicae Through Activation of Defense Responses in Chinese Cabbage Brassica pekinensis（《罗勒烯诱导大白菜激活防御反应调控桃蚜的发育性能》）、alpha – Farnesene and ocimene induce metabolite changes by volatile signaling in neighboring tea（Camellia sinensis）plants（《罗勒烯诱导茶树挥发性信号代谢物变化》）等研究论文。可以判断，该主题研究文献收录较少，研究领域较为新颖。

需要注意的是，每种方法在选择具体合适的数字信息源检索工具时，侧重点会有所不同，可以考虑各方法的综合使用。

二、 数字资源检索途径

检索途径，表示利用数字信息的何种特征来检索相关信息，即使用什么内容作为检索标识，并通过检索工具检索所需主题。一般来说，反映数字信息的特征都可以作为检索途径。常见的检索途径主要有 4 种。

（一） 主题途径

掌握主题途径，首先要明确主题、主题词的概念。主题，即信息的"中心内容"，它是"一组具有共性事物的总称，用以表达文献研究内容和论述的具体对象及问题"。主题词是用来表达主题概念的词汇。

主题途径是采用反映信息主题概念的检索词作为检索入口，每一篇文献信息包含若干主题，用来研究或阐述一个或多个问题。

主题词提取得恰当与否影响主题途径的检索质量。因此，选择主题途径检索时提取主题词应注意：选取涉及主题的检索词应具体，意义宽泛的词汇（如影响、发展、趋势、助词等）不作为检索词，技术领域课题直接用具有检索意义的概念或代码，涉及多个主题可以用主题词组合表达。

【实例2-6】 查找"果汁贮藏保鲜技术的研究"的中文文献信息，如何选取主题词？

【题解】 检索词宜具体，意义宽泛的词汇不作为检索词，主题词组合表达。"果汁贮藏保鲜技术的研究"可以参考的主题词有果汁、苹果汁、橘子汁、柠檬汁、椰子汁、贮藏、保存、保鲜等。

【实例 2-7】 查找"大豆//花生间作缓解连作花生化感作用的效应及机理研究"的信息。间作是一种耕作方式，也叫间种，将大豆和花生间种，可以缓解花生土壤微生物、种子萌发、花生生长障碍和化感作用等一系列影响。检索词宜选择（ ）。

A. 大豆、花生、化感作用、效应、研究

B. 大豆、花生、连作、机理研究

C. 大豆、花生、连作、连种、障碍、化感

D. 大豆、花生、间作、缓解连作花生化感作用

【题解】 选 C。检索词应具体，意义宽泛的词汇不作为检索词。

（二）分类途径

分类途径，是指根据信息内容的学科分类，按照分类号进行检索。常见的分类途径有网络信息分类法、图书/期刊分类法、专利分类法、标准分类法等。一般来说，支持按照学科分类方式的浏览检索功能原则上也称为分类途径检索（图 2-9）。网络信息分类法较常用于门户网站、搜索引擎等站点，分类原则以服务于用户的生产、生活、学习和工作之需。以下重点介绍图书/期刊分类法、专利分类法、标准分类法。

图 2-9 Springer "Browse by discipline" 学科浏览界面

1. 图书/期刊分类法

国际上有《杜威十进分类法》《国际十进分类法》《美国国会图书馆图书分类法》，中国图书分类法有《中国图书馆分类法》《中国科学院图书馆分类法》《中国人民大学图书馆分类法》。中文数据库，尤其是期刊数据库如中国知网 CNKI 期刊库、维普数据库、

万方期刊库等都支持《中国图书馆分类法》。

《中国图书馆分类法》简称《中图法》，包括 5 个部分 22 个基本大类（表 2-2）。

表 2-2 《中图法》22 个基本大类

A 马克思主义、列宁主义、毛泽东思想	N 自然科学总论
B 哲学法律	O 数理科学和化学
C 哲学社会科学总论	P 天文学
D 政治	Q 生物科学
E 军事	R 医药、卫生
F 经济	S 农业科学
G 文化、科学、教育、体育	T 工业技术
H 语言	U 交通运输
I 文学	V 航天航空
J 艺术	X 环境科学
K 历史地理	Z 综合性图书

【**实例 2-8**】 通过中国知网 CNKI《中国学术期刊全文库》检索分类号 S661.2，并指出它代表的含义。

【**题解**】 中国知网 CNKI 的分类途径检索，选择"中图分类号"，输入"S661.2"，显示：梨（图 2-10）。

图 2-10 中国知网"中图分类号"检索

2. 专利分类法

专利分类法一般根据专利的功能、效果或其用途所属行业来分类。目前，国际通用的是大部分国家采用的国际专利分类法（International Patent Classification，IPC），按发明专利、实用新型专利所包含的技术主题设置类目，既考虑发明创造的基本功能又兼顾实际应用原则分类。国际专刊分类法第一级为部，见表 2-3。

表 2-3 国际专利分类法第一级：部

A 部	人类生活必需（农业、轻工业、医学）
B 部	作业、运输
C 部	化学、冶金
D 部	纺织、造纸
E 部	固定建筑物
F 部	机械工程、照明、加热、武器、爆破
G 部	物理
H 部	电学

【实例 2-9】   IPC 专利分类号 C04B35/06 代表什么？

【题解】   C 化学、冶金是部名称，04 是大类（表示水泥、陶瓷等隔音或隔热的绝缘材料），B 为小类（表示石灰、水泥、陶瓷、石料及其类似物），35 为大组（按组区分），下属的 35/06 为小组（表示白云石基质品）。故 C04B35/06 表示"白云石基质品"，这一号码在世界各专利局通用。

专利分类法遵从功能性类目、应用性类目和混合归类的原则进行归类。

3. 标准分类法

标准分类法与图书期刊分类法类似，或以数字为标记，或以字母为标记，或以数字和字母混合为标记。我国的标准分类法采用混合标记，一级类目以专业划分，用字母表示类号；二级类目采用等级列类方法用双位制数字表示，先按字母排序，大类相同再按双位数字排序。

（三）**作者途径**

作者途径是根据已知作者信息查找未知文献信息的途径。作者途径的作者，也称为责任者、编译者、编者、著者、第一作者、通信作者、出版者、编译者、author、editor 等。作者途径依据的是作者索引，包括个人作者索引、机关团体索引，排列规则一般中文数据库按照"姓 + 名"次序排列，外文数据库按"名 + 姓"次序排列。

【实例 2-10】   Brow B. Smith 著录为：Smith, Brow B.

选择作者途径检索时，需注意：复姓作者，将复姓作为整体看待；团体作者同个人作者一样，按团体单位名称的字顺排列；外文数据库，同一作者姓名的不同表达方式；

音译和意译（中国作者姓名、团体机构名称一般采用音译，需要保证查全率时可以考虑意译）。

（四） 号码途径

号码途径是采用某种号码进行检索的途径。常见的号码途径有 ISBN、索书号、分类号、ISSN、专利 IPC 号、入藏号（如 WOS 号码）、报告号、标准编号等。

除以上几种常见的途径外，还有学位论文导师名、学位授予单位、化学分子式、结构式、化学物登记号等都可以作为检索途径。

三、 数字资源检索技术

（一） 布尔逻辑检索

布尔逻辑检索是指利用布尔逻辑算符进行检索词或代码的逻辑组配方式，是现代信息检索系统中最常用的一种技术。

布尔逻辑运算符是以英国数学家乔治·布尔（George Boole）命名的运算符号，有四种运算符，逻辑"与"、逻辑"或"、逻辑"非"、逻辑"异或"，常用的布尔逻辑运算符为前三种。用这些逻辑运算符可以将检索词组配构成检索提问式，计算机检索系统根据提问式与系统中的记录进行匹配，相符则命中，并自动输出命中文献的信息记录。

1. 逻辑"与"

逻辑"与"表示检索记录必须同时包含所有的检索词，检索时可以用"and""AND""＊"空格等表示。它的作用是可以增加限制条件，提高检索结果的专指性，以缩小提问范围，减少文献信息输出量，进而提高查准率。

当组配方式为"A and B"时，表示检索结果必须同时含有 A 和 B 两个词则为命中相符记录输出（图2-11）。逻辑"与"不限定距离和次序，因此，中间可以间隔若干个词语或符号。需要注意的是，当检索内容是一篇具体文献信息时，可以整体利用该文献信息的标题作为一个检索项；当检索内容为一个课题时，需要将课题名称分解为含义不同的词汇，再用逻辑"与"进行连接。

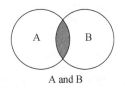

图 2-11　逻辑"与"

【**实例2-11**】　在期刊数据库中输入"急性 and 阑尾炎"，可以检索输出：急性非典型阑尾炎、急性阑尾炎、急性坏疽性阑尾炎、急性化脓性阑尾炎、急性穿孔性阑尾炎、小儿急性阑尾炎等。

2. 逻辑"或"

逻辑"或"表示检出的记录中至少含有两个检索词中的一个，即只要有一个就能满足条件，检索结果二者有其一即可。检索时可用"OR""or""＋""丨"等表示。当组配方式为"A or B"时，表示检索结果见图 2-12 阴影部分。

它通常用于链接同义词、近义词、多义词、别名、简称、全称和缩写，以及外语不同的拼写形式。逻辑"或"的作用在于放宽检索范围、增加检索结果，起扩检作用，可以提高查全率。

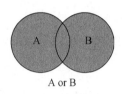

A or B

图 2-12　逻辑"或"

【实例 2-12】　检索"玉米抗寒（或耐寒）生理生化"的文献信息。

【题解】　检索式可以列为：玉米 and（抗寒 or 耐寒）and（生理 or 生化），在中国知网中检索可以获得"玉米幼苗复合型抗寒剂的研究""拟南芥抗寒基因 ICE1 的克隆""功能分析及转化玉米的研究""低温胁迫和干旱胁迫下 S－诱抗素拌种对玉米生长的调控作用""玉米抗寒种质资源的筛选与利用研究""微胚乳玉米发芽出苗期的耐寒性及生理生化基础研究"等 28 篇相关文献。

3. 逻辑"非"

逻辑"非"表示排除掉某一部分内容，它可以用"NOT""not""－"表示。当组配方式为"A not B"时，得到检索结果如图 2-13 所示，阴影部分为符合检索要求的结果输出。

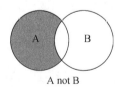

A not B

图 2-13　逻辑"非"

逻辑"非"的作用是排除不希望出现的检索词，缩小命中文献信息范围，增强检索的准确性。

【实例 2-13】　在百度搜索引擎中输入"电视台－中央电视台"。

【题解】　该字段表达逻辑“非”，得到所有检索结果页面不包含“中央电视台”，即所有的地方电视台。

需要注意的是，布尔逻辑检索技术在不同检索系统中对逻辑检索支持的程度不一样，有的完全支持，有的仅部分支持。

另外，还需注意，当使用两种或两种以上的逻辑运算符时，还会产生运算先后顺序的问题。一般来说，逻辑运算符的优先顺序一般为逻辑“非”（not）优先于逻辑“与”（and），逻辑“与”（and）优先于逻辑“或”（or）。因此，同一检索式中既含有 or，又含有 and 时，需要使用括号“( )”作为优先运算符 。

【实例 2-14】　检索“我国儿童玩具包装设计的安全性研究”主题的文献信息。

【题解】　完成该题的步骤主要有 5 步：

第 1 步，找出主题中的关键词：儿童、玩具、包装设计、安全。

第 2 步，列出与关键词相近或相同的其他相关关键词：儿童（幼儿、少儿、小学生）、玩具（玩物）、包装设计（包装材料）、安全（安全标准）。

第 3 步，分析主题所需的信息类别：种类（期刊、会议录、学位论文、标准等）、时间范围（2009—2019）、语种（中文）。

第 4 步，关键词组配：① 相近关键词组配：儿童 or 少儿 or 幼儿、食品包装 or 包装材料、玩具 or 玩物、安全 or 安全标准；② 整体组配：（儿童 or 少儿 or 幼儿）and（食品包装 or 包装材料）and（玩具 or 玩物）and（安全 or 安全标准）。

第 5 步，实施检索。利用中国知网专业检索，根据第 4 步组配关键词方式，输入检索式：SU =（儿童 + 少儿 + 幼儿）*（食品包装 + 包装材料）*（玩具 + 玩物）*（安全 + 安全标准），检索结果如图 2-14 所示。

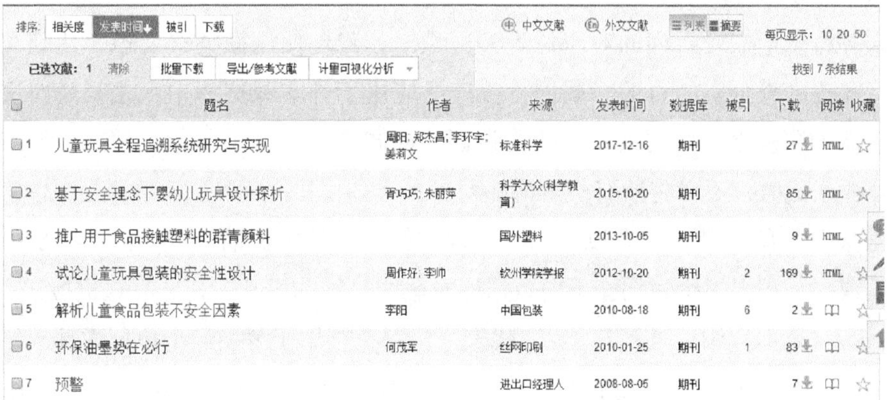

	题名	作者	来源	发表时间	数据库	被引	下载	阅读	收藏
1	儿童玩具全程追溯系统研究与实现	周阳；郑杰昌；李环宇；姜莉文	标准科学	2017-12-16	期刊		27	HTML	☆
2	基于安全理念下婴幼儿玩具设计探析	肖巧巧；朱丽萍	科学大众(科学教育)	2015-10-20	期刊		85	HTML	☆
3	推广用于食品接触塑料的群青颜料		国外塑料	2013-10-05	期刊		9	HTML	☆
4	试论儿童玩具包装的安全性设计	周作好；李帅	钦州学院学报	2012-10-20	期刊	2	169	HTML	☆
5	解析儿童食品包装不安全因素	李阳	中国包装	2010-08-18	期刊	6	2		☆
6	环保油墨势在必行	何茂军	丝网印刷	2010-01-25	期刊	1	83		☆
7	预警		进出口经理人	2008-08-05	期刊		7		☆

图 2-14　检索结果

（二） 位置检索算符

位置检索算符又称为邻近检索，它是通过位置运算符来调整检索词之间的相对位置关系。位置检索涉及的位置关系包括词距和词序两个方面。词距表示检索词与检索词之间的距离，词序表示检索词与检索词之间的先后次序。

按照两个检索词之间的顺序和距离，可以设置多种位置算符关系。以国际联机检索系统 ProQuest Dialog（PQD）为例，位置算符有 N/n（near/n）和 P/n（pre/n），其中，n 表示字符个数。

（1）N/n（near/n）：表示检索包含间隔指定数量字词的两个检索词（前后位置可互换）的文档。

N/0，NEAR/0，表示两个单词之间有一个空格或字符，在文章中出现的前后位置可以互换。如输入 nursing NEAR/0 education 表示两个单词中间有一个空格或字符，两个检索词前后位置可互换，可以得到 nursing education、education nursing、nursing-education 等。

N/2，NEAR/2，表示两个单词之间有 0～2 个单词，在文章中出现的前后位置可以互换。例如，输入 media N/2 men，可以得到 media men、media some men、media some young men、men media、men like media 等。

（2）P/n（pre/n）：表示检索包含一个检索词语先于另一个词语指定字数（两个检索词位置不可互换）的文档。

P/0，pre/0，表示两个单词之间有一个空格或字符，两个检索词前后位置不能互换。例如，输入 nursing P/0 education，可以得到 nursing education。

P/1，pre/1，表示两个单词中间 0～1 个单词，两个检索词前后位置不能互换。例如，输入 media N/1 men，可以得到 media men，media like men。

（三） 截词算符

截词算符是指在检索词的对应位置进行截断，实现使用截词符处理，达到节省输入字符数目及提高查全率的目的。截词算符广泛应用于外文数据库中，尤其是西文单词词干相同的派生词检索，如词义相近的检索词，或同一单词的单复数、时态、语态等。因此，构建检索式时，不必将所有检索词都列出。

常见截词符有"？""＊"或"＄"。截词符加在检索词前后或中间，实现检索一组概念相关或同一词根的检索词。不同数据库对截词符号选用不一，国际联机检索系统 ProQuest Dialog（PQD）中，通配符"？"代表一个字符，用于替换某个单词内部或结尾的任何一个字符，可使用多个通配符来表示多个字符。例如，输入"nurse?"，可以检索到 nurses、nursed 等；截词符"＊"可以实现检索词的变体，可代替 0～10 个字符。例如，输入＊old，可以检索到 told、household、bold 等。

截词数量可以分为有限截词和无限截词。根据截词位置可以分为前截词、后截词、中间截词。前截词，即保持检索词后部分一致的检索。例如，输入"＊computer"，可检索出 computer、microcomputer、minicomputer 等。后截词，即保持检索词前部分一致的检索，即"前方一致"。例如，输入"201＊"，可以检索出 2011、2012、2013、2015 等。

截词检索可能会检出不相关词汇，造成误检，在实际检索过程中，截词检索需要慎用。

（四）字段限定检索

字段限定检索是指限定在数据库记录中的一个或几个字段范围内查找检索词的检索方法。在计算机检索系统中，字段是用来表达文献信息最基本的存储单元，字段检索限定符是用来链接字段揭示符和检索词之间的运算符。

一般的检索系统均提供两种字段：一种是表示文献信息内容的主题字段，如题名、主题、摘要、关键词等；另一种是表示文献信息外部特征的非主题字段，如作者、机构、出版年份、来源出版物等。

不同的检索工具提供的检索字段不完全一样，检索字段的丰富程度反映检索系统对文献信息的加工深度，检索字段越丰富，检索方式越灵活，一定程度上检索结果越准确。同一个词语可以出现在不同的字段中，相同的检索词出现在不同的字段中，得到的检索结果也会不一样。

使用字段限定检索，可以将检索词限定在特定字段中，实现系统对符合检索词指定字段的匹配，控制检索结果相关性，提高检索结果命中率。表 2-4 和图 2-15 对中外文数据库常用字段限制符进行了归纳总结。

表 2-4　CNKI、维普、万方、WOS、ProQuest、SD 期刊数据库检索字段对比

CNKI	万方	维普	WOS	ProQuest	ScienceDirect
主题	主题	/	Topic、主题	MAINSUBJIECT、主题词	/
篇名	题名	题名	Title、标题	TI、文档标题	title
/	题名或关键词	题名或关键词	/	/	/
摘要	摘要	文摘	/	摘要、AB	Abstract
全文	/	任意字段	/	文档全文、FT	/
DOI	DOI	/	DOI	数字对象标识符、DOI	/

续表

CNKI	万方	维普	WOS	ProQuest	ScienceDirect
关键词	关键词	关键词	/	关键字、IF	Keywords
被引文献	/	参考文献	被引参考文献、Cited Reference	参考文献、REF	/
中图分类号	中图分类号	分类号	/	分类、CL	/
作者	作者	作者	作者、Author	作者、AU	Author name
第一作者	第一作者	第一作者	/	/	/
/	/	作者简介	/	/	/
通信作者	/	/	/	/	/
作者单位	作者单位	机构	地址、Address	作者单位、AF	Author affiliation
来源期刊、ISSN、CN	期刊名称	刊名	出版物名称、Publication Name	出版物名称、PUB	Journal title、Volume、Issue、Pages
来源类别	/	期刊范围	/	出版商、PB	/
基金	基金	基金资助	/	/	/
年	年	年份	出版年	出版日期	/
指定期	期	/	/	/	/
/	/	/	作者识别号、团体作者、编者	/	/

注："/"表示该数字信息源不提供对应的检索标识。

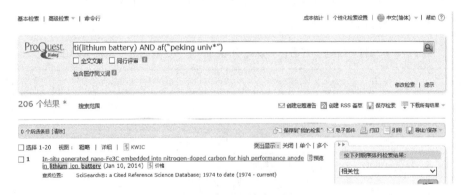

图 2-15　PQD 检索界面

（五）其他符号

有些检索系统提供双引号""""、连字符"-"、括号"（）"等特殊符号的使用，用以在检索系统中起到特定的限定检索作用。

1. 双引号" " " "

双引号将短语或特殊符号限定在引号内进行精确检索。这种检索方式不会匹配到单词的单复数、英美拼写变体、形容词最高级和比较级等形式，可以实现短语、特殊字符的精确检索。例如，输入"electric car"，只能检索出 electric car。

2. 连字符"-"

用于连接检索中的两个词语。例如，在 PQD 数据库中，检索输入 shares – technologies，可以得到 shares technologies。

3. 括号" ( )"

括号一般在布尔逻辑检索运算时常用到，用以引导检索系统在执行逻辑运算符号的优先级，优先检索括号中的内容，再按 NOT、AND、OR 的顺序依次执行。

例如，在中国知网中选择"专业检索"输入检索语句"SU =（镉 + 镉胁迫 + 镉富集性 + Cd）＊苎麻"，得到 98 条检索结果（图 2-16）。其中，括号起到先检索的作用，用以表达镉、镉胁迫、镉富集性，涉及镉主题的信息符合检索要求，然后与"苎麻"进行逻辑与匹配检索。

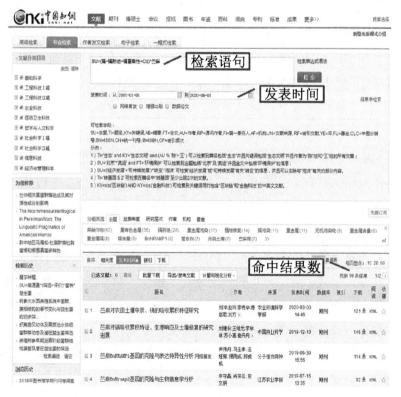

图 2-16　中国知网专业检索

第三节　数字资源的检索策略

筛选数字资源需要构建科学合理的数字资源检索策略。数字资源的检索策略分为联机检索系统的五种联机检索策略和一般检索工具的检索策略。其中，联机检索系统的五种联机检索策略的应用应结合实践案例增进理解，重点掌握一般检索工具的检索策略。

一、　联机检索系统的检索策略

美国人鲍纳（Charles Bourne）提出了国际联机检索系统（Dialog）的检索策略：最专指面优先策略、最少记录面优先策略、积木型概念组策略、引文珠型增长策略、逐次分馏策略。

（一）　最专指面优先策略

最专指面优先（most specific face first）策略，表示在检索时，首先选择最专指的概念组面进行检索，如果检索结果命中信息相当少，那么其他概念组面就不加到计算机提问式中去，即不增加组配的检索字段；如果检索命中的信息较多，那么其他概念组面就加入计算机提问式中，即增加组配的检索字段，以提高查准率。

【实例 2-15】　检索"天然植物紫苏叶中提取物作为食品防腐剂"这个主题的相关信息。

【题解】　紫苏叶提取出的紫苏醛可以入药、化妆品、保健品。紫苏醛用在食品中，可以防腐、食用及增加风味；用在医药方面，可以治疗多种疾病。有时也将其用于保健品及功能性食品中。

运用最专指面优先策略步骤如下：

第 1 步，首先将课题分解为多个概念组面：天然、植物、紫苏叶、提取、紫苏醛、食品、防腐剂，构建检索式：天然＊植物＊紫苏叶＊提取＊紫苏醛＊食品＊防腐剂；

第 2 步，进一步选择概念组面：紫苏叶、提取、紫苏醛、食品、防腐剂；构建检索式：紫苏叶＊提取＊紫苏醛＊食品＊防腐剂；

第 3 步，继续提炼概念组面：紫苏叶、紫苏醛、食品、防腐剂，构建检索式：紫苏叶＊紫苏醛＊食品＊防腐剂；

第 4 步，继续提炼概念组面：紫苏醛、食品、防腐剂，构建检索式：紫苏醛＊食品＊

防腐剂；

第 5 步，最后选定的概念组面：紫苏醛、食品、防腐，构建检索式：紫苏醛 ∗ （食品 + 防腐）。

这个过程中，选择最专指面优先检索的策略，根据例题要求和实际情况实施检索，"紫苏醛 ∗ （食品 + 防腐）" 可以作为该主题信息查找的最专指面。

（二） 最少记录面优先策略

最少记录面优先策略与最专指面优先策略类似，即从预估检中的信息记录数量最少的概念组面入手，如果检索出的信息记录相当少，则不必检索其他概念组面；反之，可以将其他概念组面加到检索提问式中，提高检索结果的查准率。

最少记录面优先策略、最专指面优先策略多用于检索费用固定的情形。检索费用固定的条件下，这两种检索策略可以通过检索最低限度的概念组面，获得相对较多的相关信息。目前，绝大部分检索系统可以实现包库后免费检索，这两种检索策略重要度大大降低。

（三） 积木型概念组策略

积木型（build – block）概念组配运用规则如下：

第 1 步，将检索课题分解成若干个概念组面，先分别对这几个概念组面进行检索；

第 2 步，每个概念组面尽可能全部列举相关词、同义词、近义词，并用布尔逻辑运算符 "OR"，构建成检索式；

第 3 步，用布尔逻辑检索运算符 "AND" 把所有概念组面的子检索式连接起来，构成一个总的检索式。

积木型概念组策略能提供明确的逻辑检索过程，便于检索的留存和理解，适用于较为复杂的课题的检索，但是检索耗时较长。该策略可以与数据库的 "检索历史" "个性化定制检索式" "组合检索" 等功能结合起来。

（四） 引文珠型增长策略

引文珠型增长（citation pearl-growing） 策略运用规则如下：

第 1 步，以直接检索课题中最专指的概念面开始，以便至少检索出一篇命中信息；

第 2 步，审阅命中信息，从中挑选出一些新的有关检索词，包括新的规范词、自由词等，及时补充到检索式中，然后重新检索，以找出更多命中信息；

第 3 步，连续重复以上过程，直到检索结果满意或者找不到其他适合包含于检索式的附加词为止。

引文珠型增长策略交互性强，但联机检索耗时较长。

（五） 逐次分馏策略

逐次分馏（successive fractions）策略运用规则如下：

第 1 步，确定一个较大的、范围较广的信息初始集；

第 2 步，加入新的检索词，用布尔逻辑运算符"AND"连接，逐步提高检索式的专指度，以得到一个较小的命中信息集；

第 3 步，继续提高检索式的专指度，逐渐缩小命中信息集，直到得到数量最适宜、用户最满意的命中信息集合为止。

逐次分馏策略适用于对具体学科领域不熟悉的检索者，其检索策略运用的关键点在于确定的信息初始集范围、提高专指度。

二、 一般检索工具的检索策略

（一） 广义的检索策略

广义上讲，检索策略是实现检索目的，进而构建的全盘计划和方案。

具体来说，它是在明确检索目的、分析课题特征的基础上，确定合适的数据库和检索系统、明确检索词及检索词之间的逻辑关系、拟定检索提问式，执行检索并调整检索式，直到获得较为满意检索结果的全部过程。因此，广义的检索策略一般包括 6 个步骤。

1. 检索准备

在进行检索前必须做好以下 5 点：

（1） 明确检索目的

检索目的，即为什么要进行信息检索。它应是检索准备的首要步骤，反映信息需求。常见的检索目的有申报课题、撰写开题报告、撰写学术论文、撰写课程论文、撰写毕业论文、成果评价、评奖评优、特定的商业需求等。因此，检索目的直接反映个人需求，只有明确了检索目的，才能更好地构建合理的检索策略（表 2-5）。

表 2-5 常见的检索目的选择检索工具情况

检索目的/信息需求	检索工具
查找新闻报道	报纸、网络新闻、门户网站等
查找概念定义、释义	教材、百科全书、词典、字典等
查找人物史料	人物传记、年谱、年鉴、百科全书等
撰写论文	图书、期刊、学位论文、会议论文等

续表

检索目的/信息需求	检索工具
查找具体图书、期刊的馆藏情况	图书馆卡片目录或图书馆或信息机构书目检索系统
立项、开题、专利查新	收录内容全面、更新较快的期刊、专利、成果等数据库
查找统计数据、财务报表等	年鉴、金融统计类数据库、官方网站、政府出版物
查找已发表论文的收录、被引情况	期刊论文数据库、会议论文数据库及引文索引数据库

（2）分析研究课题的主要内容、学科属性、所属专业

对研究课题的主要内容进行分析，明确课题的研究重点、所属学科和专业。分析研究内容，需要明白研究内容是单一学科还是涉及多学科，或是否属于跨学科。例如，"鸡疾病研究"这一课题属于动物医学中的兽医学科。

当研究课题主要内容涉及多个学科时，以主要学科作为检索重点，次要学科作为补充，以全面系统地检索出反映研究课题的内容。

（3）弄清楚课题的信息类型

弄清楚课题属于数据事实类检索课题还是文献类检索课题。

事实数据类检索课题主要以在学习、工作、科研等过程中遇到的针对某一具体疑难问题作为检索对象。事实检索属于一种确定性检索，如查找地名、人名、名词术语、事件发生地点、人物、过程等。数据检索是检索与数字、数据等相关内容，如查找各种统计数据、公式、金融信息、市场走向、科技常数等。

文献类检索课题是以图书、期刊、专利、学位论文、标准、科技报告等信息类型作为检索对象，如查找"魔芋转基因"课题的研究，需要广泛查找图书、期刊、专利、学位论文等信息类型中涉及该主题的信息（表2-6）。

表2-6 各信息类型适用范围

信息类型	适用范围
图书	系统学习知识、了解学科知识概要、查找某一问题的具体答案
期刊、会议录	了解某学科发展现状和发展动态、了解与课题相关的研究状况
学位论文	科研前的文献调研、硕博生的开题报告
标准	了解行业规范、各种活动或结果的规则、指南或特性
专利	了解技术、发明或创造的法律状态、知识产权状况

（4）确定时间要求和语种范围

确定课题检索的时间要求，一般研究层次低、学科发展速度快的，检索时段可以适当缩短；研究层次较高、学科发展累积成果较少的，检索时段可以适当延长。确定检索主题的语种，如中文、英文、日文等。

【实例 2-16】　申报国家自然科学基金课题，需要查找"矮地茶成分及功能研究"信息；撰写课程论文，需要查找"计算机网络教学"的信息。

【题解】　二者均属于文献类检索。前者研究层次较高，学科发展需积累成果，检索年限可以放宽至 10～20 年；后者研究层次较低且研究主题发展速度较快，检索时段适当缩短为 3～5 年。

【实例 2-17】　查找国内外有关"三七种植"主题的中英文学术信息。

【题解】　"三七种植"的学科属性、专业范围属于农业科学（具体属于农作物中多年生的草本经济作物），是文献类检索；查找近 10 年的期刊论文、学位论文、会议论文、专利、图书等中英文信息。课题明确了需要查找中文、英文学术信息，可以选择中国知网、万方等查找中文信息，选用 ProQuest 农业期刊全文库和生物期刊全文库、Springer、ScienceDirect 查找英文信息。

（5）考虑课题的特殊要求

不同课题会有不同的要求，部分主题应结合学科特性考虑特殊要求。

① 文学课题：应考虑作者国别、文学作品的文种、写作年份、作品主题、经典名著及书评。文学作品课题由于概念具有广泛性，在检索时可以考虑选用分类号查找，经典名著、史志、传记等以图书为主要检索信息类型；书评等可以以期刊论文、会议论文为主要信息检索类型。

② 工业工艺课题：应考虑产品资料、专利信息、科技报告、标准等信息，分析产品性能和结构、工艺流程、生产原理、技术参数等。

③ 金融经济课题：应考虑金融经济领域的统计数据、政策、新理论等信息，属于事实数据类检索；也应考虑金融经济类新政策、新理论的研究情况，查找期刊论文、会议论文、图书等属于文献类检索。

④ 化学化工课题：该类信息一般较为专业，应考虑用途、化学分子式、化学物质名称、反应、性质、制备过程等。

⑤ 社会科学课题：教育类信息应包括教育理论、教育方法、教育制度、教育思维、教学法、各级各类教育、教育机构、学校教育管理等；历史文献应包括国家、地区、朝代、历史年代、民族、人物、机构、团体、历史事件、制度、政策、法律法规、著作、

改革、考古等；地方文献应包括自然、气候、人文、地理、民族、风俗、语言、人物、教育、管理、事件、山河、交通、名胜古迹等；法律类信息应考虑法理、法史、案例分析、国家法、民商法、经济法、诉讼法、司法制度、国际法、刑法等；人口与计划生育应考虑政策、社会保障、人口流失、老龄化、人口迁移、出生率、死亡率等。

⑥ 信息科技课题：该类主题信息涉及的新技术、新科技更新速度较快，应考虑计算机硬件技术、计算机软件技术、电子计算机、微型计算机、互联网技术、自动化技术、自动化技术、计算机网络等。

⑦ 临床医学类课题：属于医药科学，应考虑临床诊断与治疗技术，包括症状诊断、物理诊断、电诊断等；考虑影像医学，包括超声波、核磁共振成像、发射医学等；考虑实验室诊断；考虑护理学，包括专科护理、疼痛医学、睡眠医学、临终关怀等。

⑧ 农业和生物类课题：应考虑农艺学、植物保护、农作物、园艺、林业、畜牧与动物医学、蚕蜂与野生动物保护、水产与渔业等。

2. 选择检索系统，确定检索途径

选择的检索系统需考虑检索准备阶段对课题的主要内容、所属学科、专业覆盖，收录的信息类型、更新周期、语种、地区等情况综合考虑。

检索途径结合课题检索系统的特性及课题需要，选择最适合的检索途径。

3. 选择检索词

检索词的确定原则：

① 检索词有具体含义，意义宽泛词汇不作为检索词；

② 特殊概念或数字代码可以直接作为检索词；

③ 当适合多种课题研究时，可以使用不同检索词组合表达。

确定检索词的基本方法：

① 选择规范化的检索词；

② 选择各学科在国际上通用的、国内外文献信息中出现过的术语；

③ 找出课题核心概念及课题涉及的隐性主题概念；

④ 检索词的缩写、时态、英美不同拼法等词性变化。

4. 构建检索式，实施检索

了解信息检索系统的基本性能，明确检索课题的内容要求和检索目的，构建科学、合理、正确的检索式，并实施检索。拟定检索式时注意布尔逻辑组配、截词符、字段限定符、位置算符、特殊符号等计算机检索技术的应用。

5. 处理检索结果、获取原文

处理获得的检索结果加以系统整理、分析，筛选符合检索课题要求的相关信息，选择检索结果的著录格式，记录其信息类型、语种、责任者、标题、内容、出处等，输出检索结果，获取原文。如若构建检索式实施检索后，对获得的检索结果不理想时，可以回到第 2、3 步，调整检索途径、检索式，重新实施检索。

原文获取的主要原则：

① 利用二次信息检索工具追本溯源获取原始信息；

② 利用馆藏书目检索系统 OPAC、联合目录获取原始信息出处；

③ 利用信息出版发行机构，如出版社、发行单位等获取原始信息；

④ 联系责任者获取原始信息；

⑤ 利用网络途径，如搜索引擎、开放存取资源等获取原始信息。

具体来说，一般采取最经济且就近的方法获取。本地图书馆读者首先利用本馆购买的期刊、学位论文、电子图书、标准、专利等数据库获取原文；图书馆收藏的印刷类资源通过 OPAC 检索借阅获得原文。图书馆等机构外资源可以通过馆际互借、文献传递或网上付费等途径获得原文。

6. 定性定量分析，得出结论

通过定量、定性方法，对获得的信息检索结果统计分析，包括研究主题涉及的内容分类、发表年份、作者聚类等分析，得出研究结论。

【实例 2-18】　根据广义的检索策略，围绕"3 年石灰处理条件下土壤—水稻系统中镉钙变异特性及互作机理"主题研究进行文献综述，如何分析、查找相关的中外文文献？

【题解】　研究背景：利用石灰修复重金属污染土壤不应只是简单的效果分析，而忽略其对作物及土壤环境的影响，如连续大量施用石灰，土壤 pH 值大幅上升及大量钙离子的带入是否会增加土壤镉溶出风险，其控制重金属镉迁移的效果如何，其对土壤环境质量及作物生长是否存在负面影响。

研究内容：采用田间定位试验方法，通过连续 3 年监测分析试验过程中土壤重金属镉有效性及交换性钙的变化、水稻中镉钙积累变化，揭示镉的演变规律及与钙的互作机理，厘清石灰所产生的 pH 效应与钙离子效应对抑制水稻镉累积的影响，以期明确石灰修复镉污染土壤的相关机理机制。

第 1 步，通过分析该主题的研究背景、研究内容，采用主题途径检索，广泛调查国内外数字信息检索工具，包括期刊、学位论文、专利、标准等。

第 2 步，选取中文检索词：石灰、水稻、稻田、镉、钙、有效性、交换性、积累、活性、互作、pH 效应、钙离子效应；英文检索词：lime、rice、paddy、Oryza sativa、Cd、cadmium、Ca、calcium、effectiveness、commutativity、accumulation、activity、interaction、pH effect、Calcium ion effect。

第 3 步，检索工具：中文选用中国知网、万方、维普；外文选用国际联机检索 PQD。

第 4 步，采用主题检索，中文为检索语句 1、检索语句 2，外文为检索语句 3。

检索语句 1：SU =（石灰 or 钙）and（水稻 or 稻田）and 镉；

检索语句 2：SU = 石灰 and（水稻 or 稻田）and（镉 and 有效性 or 交换性 and 钙 or 镉 and 积累 or 镉 and 活性 or 钙 and 积累 or 互作 or pH 效应 or 钙离子效应）；

检索语句 3：ti（lime and（rice or paddy or Oryza p/0 sativa））and su（cadmium or calcium or interact * or pH）。

第 5 步，检索结果：部分摘录相关的中外文文献如下：

[1] 刘昭兵（湖南省土壤肥料研究所），纪雄辉，彭华，等. 不同类型钙化合物对污染土壤水稻吸收累积 Cd Pb 的影响及机理 [J]. 农业环境科学学报，2010（01）：78 - 84.

[2] Kim M K（Institute of Agricultural Science and Technology, Korea），Kim W I, Jung G B, et al. Effects of Lime and Humic Acid on the Cadmium Availability and its Uptake by Rice in Paddy Soils [J]. Korean Journal of Environmental Agriculture, 2004, 23（1）.（该文研究了石灰和腐殖酸对重金属污染稻田土壤中镉的有效性和植物吸收的影响）

第 6 步，通过梳理获取到的相关中外文文献，形成该主题的文献综述。

（二）狭义的检索策略

从狭义上讲，检索策略仅仅指构建检索式的环节，即选择的检索词与运算组配符之间的逻辑关系，包括检索词的确定、运算符的选择、检索字段的设定和限制选项的设置。

第四节　数字资源的评价

本节数字资源的评价主要从数字信息源的评价、数字资源检索效果评价两方面展开。数字信息源的评价主要介绍数字信息源的收录内容、收录类别等；数字资源检索效果评价主要评价基于数字信息源收录情况实施检索后的检索结果。

一、 数字信息源的评价

（一）数字信息源评价原则

数字信息源评价原则包括客观性、相关性、时效性、权威性和可获得性。

客观性要求所获取的数字信息源真实，提供的信息源不宜偏重个人爱好，不从个人利益出发。

相关性指的是数字信息资源中的各种信息元素，以及它与用户需求之间的相关性。符合用户需求所在的检索范围，有利于解决面临的困难，以及适用于当前环境和条件是评价相关性的指标。

时效性指的是数字信息的新颖和领先程度，主要指数字信息的发表时间、类型。

权威性指的是信息的接受者对信息的信服程度，包括作者身份、出版单位、外界及同行评价。

可获得性指的是数字信息的获取与使用限制，主要是指数字信息的获取途径、所需费用、时间、特殊许可等。

（二）数字信息源评价指标

数字信息源评价指标常见的有核心期刊、影响因子、分区表、被引频次、H 指数等。其中，核心期刊、影响因子是评价期刊的常用指标。

1. 核心期刊

判断数字信息源是否来自核心期刊，主要针对期刊论文而言。核心期刊是发表课题或基金资助的论文数量较多、被用户引用频次较高、网络上点击次数较多、二次文献信息转载率较高，以及被国外重要数据库收录较多的期刊。一般来说，核心期刊刊载论文的学术影响力较高，是其所属学科学术传播的主要载体。不同的国家、地区、学科等对核心期刊的定义和评价存在一定的区别。

世界范围内比较认可的核心期刊是 Web of Science（简称 WOS）平台的三大引文数据库（包括科学引文索引 SCIE、社会科学引文索引 SSCI、艺术与人文引文索引 A&HCI）收录期刊，可以通过 Web of Science 核心合集数据库查询。The Engineering Index（简称 EI）Compendex Web，即《工程索引》（EI）网络版，由美国工程信息中心编辑出版，包括工程索引（Engineering Index）和工程会议（Engineering Meetings），涉及工程各个分支学科。EI 可以查找来自工程技术领域的 2600 余种期刊论文信息。

我国国内核心期刊有北京大学图书馆出版的《中文核心期刊要目总览》（1992 年第一版、1996 年第二版、2000 年版、2004 年版、2008 年版、2011 年版、2014 年版、2017 年版）、南京大学的"中文社会科学引文索引数据库"（CSSCI）、中国科学院的"中国科学引文数据库"（CSCD）、中国科学技术信息研究所的"中国科技论文与引文数据库"（CSTPCD）、中国社会科学院文献信息中心的《中国人文社会科学核心期刊要览》、武汉大学中国科学评价研究中心的《中国学术期刊评价研究报告》（含权威期刊、核心期刊等类别）。

例如，湖南省人力资源与社会保障中心的官方文件明确指出核心期刊为北京大学定期公布的《中文核心期刊要目总览》和南京大学的《中文社会科学引文索引》期刊目录（包括扩展版期刊）。

2. 影响因子

影响因子（Impact Factor，IF）表示的是期刊所刊载论文的平均被引率。常用的具体算法为：

影响因子 = 某刊物前两年发表的论文被引用的次数/前两年所发表的论文总数。

相对于期刊影响力而言，影响因子的高低与刊载期刊的论文质量有关。影响因子有利于不同期刊相关指数之间的比较，进而消除期刊之间由于载文量不同或质量不同造成的对期刊被引率的影响。一般来说，期刊影响因子越高，其学术影响力就越大。

目前，业内比较知名的有科睿唯安公司的期刊引证报告 JCR（Journal Citation Reports）平台。它可以通过 Web of Science 平台链接到 JCR 网站，查找被 SCI、SSCI 收录期刊的影响因子、JCR 分区情况。JCR 是一个多学科期刊评价工具，其详情将在第三章第三节中介绍。

其次，通过 CSCD - JCR 中国科技期刊引证指标可以查找 CSCD 数据库收录期刊的影响因子、H 指数、总被引频次等指标数据；通过中国知网 CNKI 期刊导航、维普资讯的中文科技期刊评价报告、万方的中国学术期刊数据库等查找中文期刊影响因子。

例如，SCIE 收录期刊 *CHEMISTRY - A EUROPEAN JOURNAL*（ISSN：0947 - 6539）的 JCR2018 影响因子为 5.16，近五年影响因子为 4.843（图 2-17）。中文期刊《西北植物学报》（ISSN：1000 - 4025）万方的影响因子为 1.03，CNKI（2019 版）的复合影响因子为 1.450、综合影响因子为 1.008，CSCD - JCR 的影响因子为 0.6671（图 2-18、图 2-19）。

同一期刊不同数据库获得的影响因子各不相同，它与其收录的文献信息量有很大的关系。

图 2-17　SCIE 影响因子界面

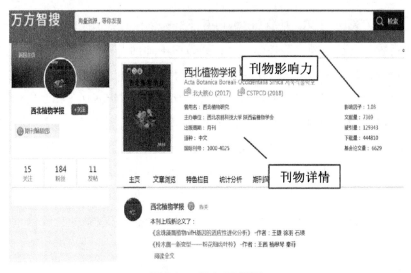

图 2-18　万方 IF 界面

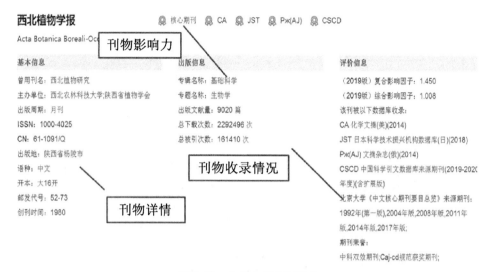

图 2-19 中国知网 IF 界面

3. 分区表

分区表主要有科睿唯安的 JCR 分区表和中科院分区表。分区表一般反映期刊（如影响因子、学术级别等）在某个学科中的排名情况。

科睿唯安的 JCR 学科分类体系 Journal Ranking 确定了 176 个学科领域，包括 170 多个 SCIE 学科领域和 50 多个 SSCI 学科领域。当年 JCR 分区是将某学科领域所有期刊按照上一年的影响因子降序排列，然后四等分（各占 25%），分别是 Q1、Q2、Q3、Q4。若某期刊涉及多种学科，可能会在不同学科中的分区不一样。

中科院分区表设置的学科划分包括两类：一类是大类学科，根据国务院学位委员会、教育部规定设置的 13 个学科门类，包括医学、生物、农林科学、环境科学与生态学、化学、工程技术、数学、物理、地学、地学天文、社会科学、管理科学及综合性期刊；另一类是小类学科。其中，在前 5% 的期刊（该学科期刊总数量的 5%）为 1 区期刊；剩余的 95% 期刊中，计算它们的 3 年平均 IF 的总和（S），然后求总和的 1/3（$S/3$），剩余的 3 个区划分出 2 区（6% ~ 20%）、3 区（21% ~ 50%）、4 区（剩下的 50%）。中科院分区表大类分区中还会遴选出一些优秀 TOP 期刊，中科院 1 区期刊直接划入 TOP 范围；中科院 2 区中 2 年总被引频次指标位于前 10% 期刊也归入 TOP 期刊范围。

因此，科睿唯安的 JCR 分区法为均分方式，中科院分区法为金字塔型，如图 2-20、图 2-21 所示。

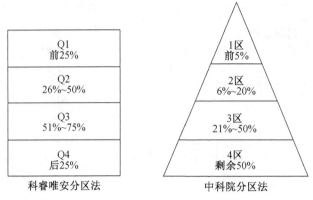

图2-20 分区法对比图（1）

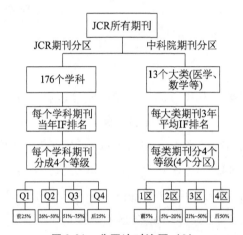

图2-21 分区法对比图（2）

【实例2-19】 查找期刊为 Nanotoxicology（纳米毒理学）的 JCR 分区及中科院分区详情。

【题解】 如图 2-22 所示，通过 JCR 分区表（www. webofknowledge. com）检索到 NANOTOXICOLOGY 影响因子为 5. 955（JCR2018），该期刊在 NANOSCIENCE & NANO-TECHNOLOGY（纳米科学与纳米技术学科，含 94 种期刊）学科中排名第 27 位，位于该学科类别分区的 Q2；在 TOXICOLOGY（毒理学科，含 93 种期刊）学科中排名第 6 位，位于该学科类别分区的 Q1。

如图 2-23 所示，通过中科院分区表（www. fenqubiao. com），检索到 NANOTOXICOLOGY 属于大类的医学 2 区 TOP 期刊，小类纳米科技 3 区、毒理学 1 区。

图 2-22　SCIE 期刊 JCR 分区　　　　图 2-23　中科院期刊分区

4. 被引频次

被引频次表示以一定数量的统计源为基础而统计的特定对象被其他文献信息所引用的总次数。被引频次包括自引和他引。自引一般认为是引用自己的文章、著作的结论或观点，除此之外都是他引。

例如，1 篇论文被其他论文作为参考文献，即表示该论文被引用 1 次；如 1 本专著被其他文献信息作为参考文献了 10 次，即该专著被引用了 10 次。

被引文献（也称为参考文献）和引用文献（WOS 数据库也称为施引文献）之间的评价是相互的，它们属于引证与被引证关系。它具有一定的客观性，也可以给被引文献信息做出一定的客观评价。因此，一般认为被引频次越高，越能反映出被引文献在某领域内被关注的程度越高，该文献信息的价值也就越高。

【实例 2-20】　利用中国知网数据库 CNKI 检索作者：欧立军，陈波，邹学校；文章名：干旱对辣椒光合作用及相关生理特性的影响；发表期刊详情：生态学报，2012，32（08）：2612 - 2619，说明该文的引用频次情况。

【题解】　访问 www. cnki. net 检索后获得该文的被引频次为 68 次，他引频次为 66 次（图 2-24）；访问 WOS（www. webofknowledge. com），英文标题为：Effects of drought stress on photosynthesis and associated physiological characters of pepper，获得该文的 SCIE 被引频次 6 次，去除自引后的他引频次 2 次（图 2-25）。

图 2-24　中国引文数据库检索界面

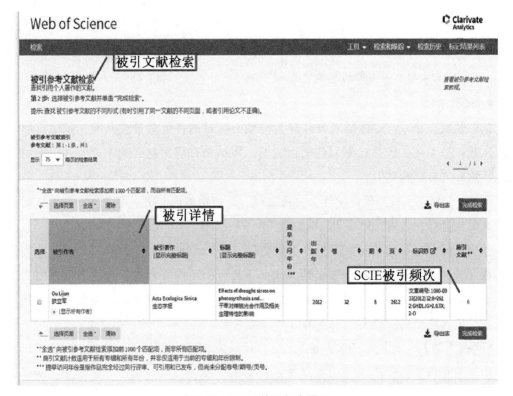

图 2-25　SCIE 他引频次界面

各个学术资源库中文章的被引次数取决于在该数据资源系统内论文间的引证关系。由于各个系统资源收录信息量不一，很难得到一个全面、准确的被引次数，因而被引频次的评价只能选择具体的检索系统作为参考。

【实例2-21】　张福锁，王激清，张卫峰，等.中国主要粮食作物肥料利用率现状与提高途径［J］.土壤学报，2008（05）：915－924.该文章的被引次频次为多少？

【题解】　在中国知网数据库 CNKI 中显示被引频次为 2102 次，在百度学术上的被引频次为 2182 次，维普数据库的被引频次为 1062 次，万方数据库的被引频次为 1707 次

（图 2-26）。

(a) CNKI

(b) 百度学术

(c) 万方

(d) 维普

图 2-26　CNKI、百度学术、万方、维普显示被引频次

5. H 指数

H 指数是一个混合量化指标，用来评价科研人员的学术产出数量和学术产出水平。H 指数最初由美国加利福尼亚大学圣地亚哥分校的物理学家乔治·赫希提出，其目的是量化科研人员作为独立研究个体的研究成果。H 指数的原始定义：一个人发表的所有学术文章中有 N 篇论文分别被引用了至少 N 次，他的 H 指数就是 N。例如，一个研究人员的 H 指数为 10，则意味着该研究人员至少发表了 10 篇以上的文章，且有 10 篇以上的文章的被引频次不低于 10 次。

国外学者 Ray Kruse IIes 统计了英国各大学学者的 H 指数后，发现不同学科领域教授的 H 指数均值为：计算机学科 23、护理学 20、物理学/数学 23、生物医学 28、社会科学 19。H 指数可以用来衡量科研工作的学术情况，包括期刊、学科、学者等，但 H 指数会因学科而异、因机构而异、因国家而异。

【实例 2-22】　查找中国农业大学植物营养系张福锁的 H 指数。

【题解】　百度学术（xueshu. baidu. com）显示张福锁的 H 指数为 125，中国知网 CNKI 学者库（expert. cnki. net）显示其 H 指数为 107。

（三） 小结

数字信息资源的评价原则具有客观性、时效性、权威性和可获得性，可以从学术产出和学术影响力角度进行。

当需要评价某篇论文时，可以参考该论文是否发表在核心期刊中，同时查看该刊物的影响因子、该论文的被引频次。

当需要评价某著作时，可以参考该著作的被引频次、他引频次等。

当评价某位学者时，可以关注其 H 指数，再结合其学术成果产出数量、学术产出的被引频次、他引频次等。

二、 数字资源检索效果评价

数字资源检索效果评价包括查全率和查准率。

（一） 查全率

查全率是衡量检索系统从信息源集合中检出的信息量与全部符合检索需求信息量的指标，即检出信息与全部信息的百分比。查全率绝对值难以精算，但可以根据数据库内容、数量等综合估算。查全率是衡量信息检索系统检出信息的能力。

查全率 = （检出相关信息量/系统中相关信息总量）* 100% 。

影响查全率的因素包括信息存储和信息检索等。

从信息存储的角度来看，影响查全率的主要因素包括：① 收录信息不全；② 索引词汇缺乏专指度；③ 词表结构不完整；④ 词间关系模糊或错误；⑤ 标引不详或出错；⑥ 标引人员遗漏原文重要概念或用词不当。

从信息检索的角度来看，影响查全率的主要因素包括：① 检索式过于简单；② 逻辑组配不当或错误；③ 检索途径、检索方法太少；④ 检索人员业务不熟练、缺乏耐心。

提高数字资源检索查全率的方法有：① 扩大检索课题目标，使用主要概念，排除次要概念；② 跨库检索、统一检索；③ 取消或放宽限定条件，如放宽到所有信息类型、语种、年代分别检索；④ 降低检索词专指度；⑤ 截词检索；⑥ 扩大算符检索范围，检索时，使用逻辑或匹配关系。

（二） 查准率

查准率是衡量检索系统信号噪声比的一种指标，即检索出相关信息与检索出全部信息的百分比。查准率是衡量信息检索系统检出信息的准确度。

查准率 = （检出相关信息量/检出信息总量）* 100% ；

影响查准率的主要因素有：① 检索系统收录信息总量不全；② 检索式过于简单；

③ 检索途径、检索方法太少；④ 检索人员业务不熟练、缺乏耐心。

提高查准率的方法有：① 使用下位词检索；② 检索内容限定在标题、关键词、摘要等位置；③ 采用逻辑"与"、逻辑"非"；④ 实施高级检索、专业检索。

（三） 查全率和查准率之间的关系

查全率和查准率呈反比关系，即二者之间具有互逆相关性的关系。若想做到查全，势必会对检索范围、限定条件逐步放宽，那么检索结果将检索出很多不相关信息，影响查准率。因此，提高查全率时，会降低查准率。反之，提高查准率时，会降低查全率。一般情况下，查全率为 60% ~ 70%，查准率约为 40% ~ 50%。

第五节　数字资源检索的应用

一、 文献调研检索

文献调研是指在科学研究、课题申报、论文写作等过程中，在某一具体时间内，围绕某一专题，对大量原始信息中的研究进展或现状、数据资料、技术方案、主要观点等进行有目的、有计划地查阅文献信息资料的过程。文献调研是综述法的基础，可以帮助研究者了解所需主题的国内外研究现状。

通过文献调研，可以获取与研究主题相关的信息，达到提高研究水平、避免重复研究的目的。由于网络环境的便捷性、共享性等特点，利用学术搜索引擎、专业数据库、数字图书馆等方式进行文献调研成为数字资源检索的主要途径。

二、 科技查新检索

科技查新是指具有查新业务资质的查新机构根据查新委托人提供的查新委托、技术材料等查证其新颖性的科学技术内容，按照《科技查新规范》进行操作并得出结论。

这里的新颖性是指在查新委托日以前查新项目的科学技术内容部分或全部没有在国内外出版物上公开发表过，一般会反映在查新点上。科技查新的检索方法包括手工检索和计算机检索，而计算机检索为主要的检索方法。

科技查新一般分为立项查新、成果查新和专利查新三种。其中，专利查新类似于专利检索服务。其受理对象主要有：申请国家技术发明奖、国家科技进步奖，申请国家各类高技术研究发展计划项目，申请国家、省、市自然科学基金项目和一般科技项目立项，科技成果验收、评估、转化、转让，申报新产品，专利查新，博士生开题查新，其他国家、地区或企事业单位规定需要查新的。关于科技查新，将在后续章节介绍。

三、 查收查引

查收查引，又名为论文收录及被引用检索。它是根据用户需求，在国内外权威数据库中检索其论文被收录和被引用的情况，以证明用户科研能力和水平而展开的数字信息咨询服务。其中，被引用情况又包括自引和他引两种。

一般通过作者姓名、单位、期刊名及卷期、会议名称、会议时间、会议地点、论文标题、发表时间等途径，查找论文被 SCIE、SSCI、A&HCI、EI、CPCI－S、CPCI－SSH、CSSCI、CSCD 等收录及被引用情况，科技情报服务机构或图书馆信息咨询部门等出具相应的检索证明。

查收查引的检索方法常常被用于科研院所、高等学校的研究人员科研产出评价、人才引进、职称评审、评奖评优的实力评估，以及实验室、专业、学校等科研竞争力的评估。

四、 专利检索及分析

专利是发明创造的首创者拥有受保护的独享权益。在知识产权中，专利涉及专利权、专利技术，以及专利局颁布的专利证书或专利文献等。专利检索是对专利的名称、专利发明人、申请号、公开号、专利权人等信息进行检索和分析。

专利检索渠道为欧洲专利局、美国专利商标局、中国国家知识产权局等各国家或地区专利局站点、专利分析站点。国内有 PIAS 专利分析系统、东方灵盾、大为 PatentEX，国外有 Derwent Analytics、TDA、Aureka、VantagePoint、Patentlab－II、Innography 等。专利检索及分析可以及时了解专利申请、专利授权、专利纠纷及其与之相对应的专利法律状态、专利侵权等。

五、 技术标准、 行业规范检索

技术标准是对标准化领域中需要协调统一的技术事项所制定的标准；行业规范一般是一个行业内的行为规范和标准。技术标准、行业规范是根据不同时期的科学技术水平或实践经验，对具有普遍性、重复性的技术问题，制定统一的规范。它是从事生产、建设、商品流通、科学研究的一种共同遵守的技术依据。技术标准、行业规范检索可以帮助了解各行各业的标准、规范及用以指导行业的实践。

六、 产业调研分析

对特定行业的市场结构、市场行为、市场活动等进行调查与分析，进而为国家、地区、企业等制定科学有效的战略规划提供依据。产业调研分析包括市场结构分析、行业性质分析、行业寿命周期分析、行业稳定性分析等内容，它有利于了解从事生产、服务的积极活动实体的动态，为制定战略性经营提供重要依据。

○ 实 习 题

1. 掌握一般检索工具的广义检索策略的几个步骤，并学会结合主题进行调研，撰写文献综述。

2. 简述科睿唯安 JCR 分区表和中科院分区表的异同。

3. 使用 Web of Science 查找 *Nature* 期刊的最新影响因子、JCR 分区。

4. 如何评价期刊的学术价值？

第三章

中外数字资源

本章主要针对专业性、学术性强的数字资源，概要介绍数字资源系统的收录内容、检索平台功能等。因中外数字资源的类型、收录内容、检索功能等各不相同，本章以介绍中外文数字资源的收录特点为主，辅以介绍其功能使用。

关键术语

搜索引擎　学术搜索引擎　开放存取
科技信息　引文信息　特种信息

本章提要

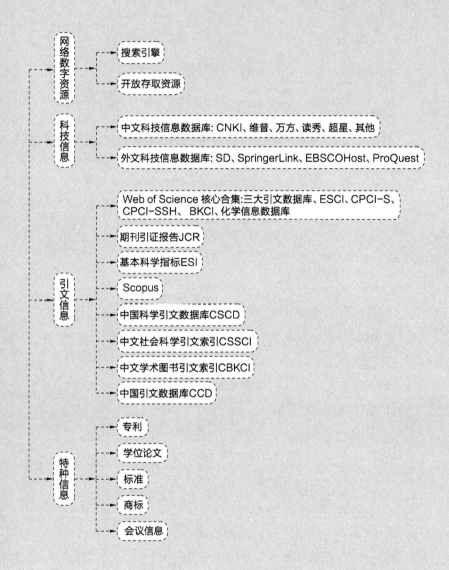

网络数字资源 ┬► 搜索引擎
　　　　　　└► 开放存取资源

科技信息 ┬► 中文科技信息数据库: CNKI、维普、万方、读秀、超星、其他
　　　　　└► 外文科技信息数据库: SD、SpringerLink、EBSCOHost、ProQuest

引文信息 ┬► Web of Science 核心合集:三大引文数据库、ESCI、CPCI-S、CPCI-SSH、 BKCI、化学信息数据库
　　　　　├► 期刊引证报告JCR
　　　　　├► 基本科学指标ESI
　　　　　├► Scopus
　　　　　├► 中国科学引文数据库CSCD
　　　　　├► 中文社会科学引文索引CSSCI
　　　　　├► 中文学术图书引文索引CBKCI
　　　　　└► 中国引文数据库CCD

特种信息 ┬► 专利
　　　　　├► 学位论文
　　　　　├► 标准
　　　　　├► 商标
　　　　　└► 会议信息

第一节　网络数字资源检索与应用

互联网的深入发展，为用户带来了井喷式的各类网络数字资源，学术资源也不例外。截至2019年8月，中国互联网信息中心第44次《中国互联网络发展状况统计报告》显示，我国拥有8.54亿网民规模，手机上网比例达到99.1%；互联网中的".CN"域名2185万个，IPv6地址数为50286块/32，已经跃居全球第一，其中，IPv6活跃用户数达到1.3亿。

丰富的互联网资源为人们的学习、科研带来了很多选择，如何解决"我们简直在信息的海洋中淹死，却因为缺乏知识而渴死"的困境？网络数字资源检索与应用可以帮助人们减少弯路，快速获得有效、真实网络环境下的数字信息。目前，我国拥有6.95亿网民主要通过搜索引擎检索获得所需信息，搜索引擎使用率为81.3%。这一数字也让我们认识到搜索引擎的重要性。本节将介绍搜索引擎、开放存取作为主要的网络数字资源检索与应用的知识要点。

一、搜索引擎

搜索引擎是网络上的一种Web应用系统，即对互联网上的www站点资源、相应的网络资源进行标引，并提供指定检索服务的服务器或网站。它构成互联网的基础，集网络信息搜集与整理、信息组织与查询于一体。搜索引擎由搜索器、索引器、检索器和用户接口四部分组成。

搜索引擎能够实现网络环境下数字资源的海量搜索、个性化检索，提高了网络数字资源的利用率。因网络数字资源良莠不齐、真假难辨、加工欠规范等问题，使得搜索引擎具有网络信息分类标准不一、检索结果含有死链或无法打开等缺点。部分搜索引擎的商业运营模式，使得搜索结果按竞价排序，而不按检索语句要求对检索结果进行自然排序，这也影响了搜索引擎搜索结果的准确率。

（一）常见搜索引擎的语法规则

1. 关键词检索

关键词检索包括自动拆分模糊查询和精确查询两种功能。

模糊查询，即对关键词进行自动拆分。如在搜索引擎检索框中输入关键词"北京大学"，可以实现模糊查询功能。检索结果首先出现"北京大学"主页，以及二级单位主页、与"北京大学"有关的主页，也可能会检索输出"北京师范大学""北京理工大学"等相关的网页。

精确查询，指将关键词限定在某个字段中，不可拆分，如标题、全文等，还可以限定具体域名、网站、发布时间等。

2. 布尔逻辑检索

搜索引擎基本都支持布尔逻辑"与""或""非"的语法规则，支持括号（先运算）、双引号（精确匹配）等运算符。常见的支持符号有 AND、OR、NOT、+、-、空格等。如在百度搜索中，输入检索语句"电视台 中央电视台"，得到的检索结果为排除中央电视台 CCTV 以外的所有地方电视台。

3. 检索语句限定

搜索引擎一般都支持 intitle、filetype、site、inurl 四种语句的使用，实现对检索需求的精准获取。

intitle：关键词。它表示将检索内容的关键词限定在标题中，即搜索结果标题含有"关键词"。如搜索引擎中输入"intitle：大学生就业"，表示查找标题中含有"大学生就业"的网页资源。

filetype：文件格式后缀名。它表示限定检索结果的文件格式、类型为指定的文件后缀名。支持的文件格式后缀名有 .pdf、.doc、.xls、.ppt、.rtf 等。如搜索引擎中输入"幼儿教学 filetype：ppt"，表示查找有关幼儿教学主题的 ppt 课件资源。

site：网站。它表示将检索结果限定在具体网站中检索。如搜索引擎中输入"site：edu.cn"，表示检索结果必须在教育类网站中。

inurl：英文字符。它表示在域名含有英文字符的网页中检索。如"就业 inurl：hunau"，表示在域名含有"hunau"的网页中查找就业信息（图 3-1）。

4. 高级检索

为提高检索结果的准确性，减少搜索的盲目性，搜索引擎还推出了高级检索功能。高级检索区域，整合了关键词模糊检索和精确检索、布尔逻辑检索、文件格式、检索语句限定、时间、语种、排序等功能（图 3-2、图 3-3）。

Baidu百度 | 就业 inurl:hunau | 检索语句 | 📷 | 百度一下

网页　资讯　视频　图片　知道　文库　贴吧　采购　地图　更多»

百度为您找到相关结果约5,680个　　　　　　　　　　　　▽搜索工具

湖南农业大学-招生就业
Welcome to Hunan Agricultural University... 招生就业本科生招生网 研究生招生网 就业服务网
创业网 电话:0731-84618001 传真:0731-84611473 招生咨询:0731-84618084 ...
https://www.hunau.edu.cn/zsjy/ ▼ - 百度快照 命中信息检索结果显示

...就业中心 创业 创业指导 3+云就业- http://jy.hunau.edu.cn/ -...
湖南农业大学"3+云就业"服务平台(http://jy.hunau.edu.cn/)湖南农业大学就业服务网站.毕业生与
用人单位桥梁.校园招聘请上湖南农业大学"3+云就业"服务平台!
jy.hunau.edu.cn/ ▼ - 百度快照

湖南农业大学研究生就业服务网
地址:湖南省长沙市芙蓉区湖南农业大学文渊馆二楼 电话(Tel):0731-
84638373 EMAIL:jyzx@hunau.edu.cn ...
yjs.jy.hunau.edu.cn/ ▼ - 百度快照

湖南农业大学东方科技学院就业服务网
欢迎来到湖南农业大学东方科技学院就业服务网!网站导航 手机版|精准订阅| 用户登陆 免费注册
职位 首页 找工作 找人才 就业资讯 培训/讲座 专场招聘会 供需双选会 ...
df.jy.hunau.edu.cn/ ▼ - 百度快照

图 3-1　搜索引擎检索结果显示

搜索设置　**高级搜索**　首页设置

搜索结果 : 包含以下**全部**的关键词　　　　[   ]

包含以下的完整关键词 :　　　　　　　[   ]

包含以下任意一个关键词　　　　　　　[   ]

不包括以下关键词　　　　　　　　　　[   ]

时间 : 限定要搜索的网页的时间是　　　[全部时间 ▼]

文档格式 : 搜索网页格式是　　　　　　[所有网页和文件　　　▼]

关键词位置 : 查询关键词位于　　　　　◉ 网页的任何地方　○ 仅网页的标题中　○ 仅在网页的URL中

站内搜索 : 限定要搜索指定的网站是　　[   ]　　例如 : baidu.com

[高级搜索]

图 3-2　百度高级搜索界面

63

图 3-3　搜狗高级搜索界面

（二）搜索引擎的应用

1. 典型的搜索引擎

（1）百度搜索：https：//www.baidu.com/，源于"众里寻他千百度"。2000 年，李彦宏于中关村创建百度公司并支持搜索服务，旨在"让人们最平等便捷地获取信息，找到所求"。百度搜索收藏超过百亿中文网页资源，成为目前世界上最大的中文信息库之一，提供网页、图片、视频、音乐、地图、词典等 20 余种搜索服务。

（2）搜狗搜索：https：//www.sogou.com/。2004 年，门户网站搜狐公司推出中文搜索引擎服务，以网页搜索为中心，提供图片、知乎、学术、新闻等多种搜索服务。

（3）360 搜索：https：//www.so.com/。2012 年 8 月 16 日，360 公司推出 360 搜索服务，提供微博、视频、图片、地图、百科等多种搜索服务。360 搜索诞生时日不长，发展迅速，在搜索市场上占有重要的地位。

（4）神马搜索：https：//m.sm.cn/，是一种基于移动互联网环境的搜索引擎，倡导专注移动搜索用户需求，提供有用、有趣的移动搜索体验。

（5）必应搜索：https：//cn.bing.com/，含国内版和国际版，提供图片、视频、学术、词典、地图等搜索服务。

（6）中国搜索：http：//www.chinaso.com/，提供头条、新闻、导航、视频、报刊、音乐等搜索功能。

2. 学术搜索引擎

学术搜索引擎主要是通过科学组织、管理和维护网络中的学术信息，为人们提供统一的检索入口，实现快速获取网络学术信息的渠道。因此，学术搜索引擎主要是为用户提供快速、方便、优质的学术搜索服务，提高科研数据获取效率，节省科研时间和成本，实现网络学术资源的共建共享。

（1）万方智搜：http：//www. wanfangdata. com. cn/index. html。该平台整合了数亿条全球学术资源，包括期刊、学位论文、会议论文、专利、科技报告、标准等 10 余种资源类型。

（2）CNKI 学术搜索：http：//scholar. cnki. net/，提供包括期刊、学位论文、会议论文、报纸、外文文献、词典、统计数据、专利、标准等检索，支持快速检索、高级检索、专业检索等功能（图 3-4）。

图 3-4 CNKI 学术搜索

（3）读秀学术搜索：https：//www. duxiu. com/，提供图书、期刊、报纸、学位论文、会议论文、音视频等资源的搜索服务，支持书名、作者、主题词、丛书名、目次等字段限定。

（4）Spischolar 学术资源在线：http：//www. spischolar. com，提供学术搜索和学术期刊指南服务。其中，学术搜索支持输入篇名、关键词检索学术论文和相关信息；学术期刊指南提供 SCI – E、SSCI、中科院分区表、CSSCI、CSCD 等期刊最新收录情况和影响因子等评价指标。

（5）百度学术搜索：http：//xueshu. baidu. com/，提供期刊频道、学者主页、订阅、论文查重、开题分析、文献互助等服务，支持期刊、图书等中外文学术信息搜索，支持作者、出版物、发表时间、语种等限定，支持参考文献自动生成、被引频次显示等功能（图 3-5）。

图3-5　百度学术高级检索界面

（6）搜狗学术：https：//scholar.sogou.com/，提供统一检索界面，支持对检索结果按时间、作者、机构、领域、期刊等排序。

（7）360 学术：http：//xueshu.so.com/，提供统一搜索界面，支持对检索结果按时间、相关性、引证文献和发表时间等排序。

（8）必应学术：https：//cn.bing.com/academic/，提供统一检索界面，检索结果按时间、作者、机构、领域等排序。

（9）国搜学术：http：//scholar.chinaso.com/，提供搜文献、搜学者、搜成果三种类别学术资源的搜索，学科分类分为热门、工学、理学、哲学、文学等 10 余种。

（10）书问：http：//www.bookask.com/，适用于图书全文检索的搜索引擎，支持作者、书名、ISBN、出版社等限定检索。

二、 开放存取资源

开放存取，又称为 Open Access，起源于 20 世纪 90 年代末国际学术界、出版界、图情界等为推动科研成果共享而发展起来的学术交流模式。它倡导合理使用，解决"学术期刊出版危机"，打破商业出版者及运营者对学术资源的暴力经营和垄断，积极推动学术科研成果通过互联网免费或低价利用运动。

（一）国外开放存取资源

（1）开放存取期刊目录 DOAJ：http：//doaj. com/，涵盖化学、历史、生命科学、法律和政治等 20 个学科主题领域。

（2）开放存取知识库名录 OpenDOAR：http：//v2. sherpa. ac. uk/opendoar/。

（3）开放存取期刊门户 Open J – Gate：http：//openj – gate. org/，由印度 Informatics 公司于 2006 年创建，支持不同检索方式下的刊名、作者、摘要、关键词、地址、机构等途径。

（4）开放科学目录 Open ScienceDirectory：http：//www. opensciencedirectory. net/，由美国 EBSCO 公司、比利时哈塞尔特大学图书馆、联合国教科文组织国际海洋委员会联合创建，包含 13000 种科技期刊，其中包括一些著名的 OA 期刊。

（二）国内开放存取资源

（1）中国科技论文在线：http：//www. paper. edu. cn/，由教育部科技发展中心主办的科技论文网站，提供优秀学者论文、科技期刊全文等检索功能。

（2）中国预印本服务系统：http：//prep. istic. ac. cn/，由中国科学技术信息研究所、国家科技图书文献中心联合建设，提供预印本文献资源服务的实时学术交流系统。

（3）香港科技大学科研成果全文仓储：http：//repository. ust. hk/dspace/，收录了该校科研人员、博士生、研究助手等提交的论文、研究与技术报告、工作论文、演示稿全文等，提供一站式检索和高级检索功能。

第二节　科技信息检索与应用

科技信息主要是指专业、学术性数字资源，常见于专业数据库、学术网站、联机检索系统等，一般可以获得原始的、一手的数字资源全文。

收录科技信息的数字资源系统主要包括数据库、学术网站、联机检索等，具体涉及数目繁多。从收录数字资源的语种看，科技信息、数据库可以分为中文、外文和中外文；从收录数字资源学科类别来看，科技信息、数据库可以分为综合型科技信息数据库和专题专科型科技信息数据库，其中综合型收录多种信息类别，专题专科型科技信息、数据库仅收录某一种信息类别。从检索平台功能来看，一般都会提供快速检索（也叫初级检索、简单检索）、高级检索、专业检索等检索途径，支持字段限定、布尔逻辑检索等检索技术。

一、 中文科技信息数据库

（一） 中国知网： http: //www. cnki. net/

中国知网，简称 CNKI，源于国家知识基础设施的概念（National Knowledge Infrastructure，CNKI），由世界银行于 1998 年提出。CNKI 工程是以实现全社会知识资源传播共享与增值利用为目标的信息化建设项目，由清华大学、清华同方发起，始建于 1999 年 6 月。目前，CNKI 提供中国知识资源总库、网格资源共享平台、研究学习平台、出版平台 & 评价、专题知识库等功能。

中国知网 CNKI 支持文献检索、知识元检索、引文检索等功能，如图 3-6①所示。CNKI 收录科技信息的文献类型主要包括学术期刊、会议论文、博硕论文、专利、标准、报纸、年鉴等，如图 3-6②所示。

CNKI 检索平台支持跨库检索、高级检索、专业检索、句子检索、一框式检索、作者发文检索等，如图 3-6③所示。CNKI 的字段限定支持主题、关键词、篇名、全文、作者、摘要、中图分类号、文献来源等，如图 3-6④所示，支持免费检索并浏览题录摘要及知网节。

除此之外，CNKI 还支持德国 Springer 图书、英国计算机协会图书、Hart 图书、IOS Press 图书等 13 家外文图书出版商资源的免费检索、浏览等功能，如图 3-6⑤所示。通过 CNKI 的出版物检索，可以实时了解收录期刊的复合影响因子、综合影响因子及期刊的最新收录情况，如图 3-6⑥所示。

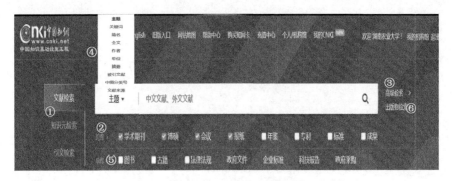

图 3-6　CNKI 各功能区域登录入口

【实例 3-1】　检索 2015—2020 年有关"垃圾分类""垃圾回收"主题的文章被发表情况，并将结果按照"被引频次"排序，找到被引频次最高的文章发表期刊、年卷期等详情，获得该期刊的影响因子、被引频次、下载量等期刊评价信息。

【题解】　选择主题途径检索，字段限定为：标题 = 垃圾分类 or 垃圾回收，采用"精确"限定，时间限定在 2015 年 1 月 1 日—2020 年 12 月 31 日，检索结果按"被引"

降序排列。

图 3-7 显示：吕维霞，杜娟. 日本垃圾分类管理经验及其对中国的启示 ［J］. 华中师范大学学报（人文社会科学版），2016，55（01）：39 – 53. 该文被引频次达到 120 次，为该主题被引频次最高的文章。

通过点击来源的"华中师范大学学报（人文社会科学版）"，获得该期刊的评价信息（图 3-8）。该期刊被 CSSCI 收录、中文核心期刊，（2019 版）复合影响因子：1.698，（2019 版）综合影响因子：0.902。出版文献量：6335 篇；总下载次数：2952376 次；总被引次数：70813 次。

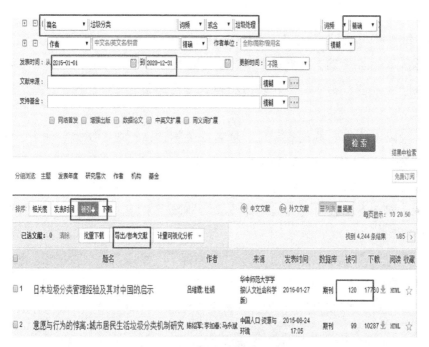

图 3-7　中国知网检索结果

图 3-8　期刊评价信息

（二）维普资讯：http://www.cqvip.com/

维普资讯，即重庆维普资讯有限公司，成立于 1995 年，前身为中国科技情报研究所重庆分所数据库研究中心，为全球最早从事中文期刊数据库建设的机构。维普资讯的核心产品"中文科技期刊数据库"属于国家长期保存数字战略计划，有效构成我国学术文献资源保障体系的重要组成部分。维普网是我国主流的学术信息获取、传播平台。

"中文科技期刊数据库"又名中文期刊服务平台，提供文献搜索、期刊搜索、主题搜索、作者检索、机构检索、基金检索、学科检索、地区检索，以及基于以上 8 个维度的综合检索功能，属于期刊全文数据库，支持快速检索、高级检索、检索式检索等检索方式，如图 3-9①所示。

目前，维普资讯收录期刊总量为 10000 余种，含现刊 9000 余种、核心期刊近 2000 种，期刊论文总量 7000 余万篇，数据日更新。维普资讯收录的学科主要涉及电气工程、机械工程、金属学及工艺、农业科学、政治法律、语言文字等 35 个学科大类，457 个学科小类。

维普字段限定检索支持任意字段、题名或关键词、题名、文摘、作者、第一作者、刊名、作者简介、机构等 14 种，如图 3-9②所示。

"期刊导航"功能支持刊名、任意字段、ISSN、CN、主办单位、主编、邮发代号检索，支持核心期刊类别、国内外数据库收录、地区、主题、学科等方式浏览期刊详情，如图 3-9③所示。

"期刊评价报告"提供期刊被引频次、影响因子、立即指数、发文量、被引半衰期、引用半衰期、期刊他引率、平均引文率等数据的浏览、阅读，如图 3-9④所示。维普支持对期刊范围、时间、学科等限定检索，支持参考文献的自动生成、下载与导出。

图 3-9 维普资讯功能分布

（三） 万方数据知识服务平台： http://www.wanfangdata.com.cn/

万方数据知识服务平台是以中国科技信息研究所、中国科技出版传媒有限公司等为依托组建的一个以科技信息为主，集经济、金融、社会和人文信息为一体，以互联网为网络平台的科技信息服务系统。

目前，万方数据知识服务平台提供期刊论文、学位论文、会议论文、专利、科技报告、科技成果、中文标准、法律法规、地方志等信息（如图3-10①），可以通过统一平台实现跨库检索（如图3-10②），支持高级检索、专业检索等功能（如图3-10③），字段限定支持主题、作者、作者单位、DOI等20种途径限定（如图3-10④）。

图3-10　万方数据知识服务平台检索界面

万方数据知识服务平台的学术期刊收录了自1998年以来的11000余种期刊，每周更新2次；收录了1980年以来我国高等院校、科研机构的硕士、博士等学位论文370余万篇，年增32万篇；收录了1982年以来的3000余个重要学术会议，年增20万篇；收录了覆盖10个国家2大组织专利的中国专利2200余万条、外国专利8000余万条；收录了源于国家科技图书文献中心（NSTL）外文数据库及数十家学术出版机构1995年以来世界各国出版的40000余种重要学术期刊。

（四） 读秀学术搜索： http://www.duxiu.com/

读秀学术搜索是由海量全文数据及元数据组成的超大型数据库。它可以为用户提供430多万种中文图书、10亿页全文的搜索服务，支持图书章节、内容全文检索，以及部分文献信息的原文试读等；支持期刊、报纸、专利、标准、音视频、学位论文、会议论文、文档等信息的检索，以查找、获取各种类型学术信息资料的一站式检索平台。读秀学术搜索的字段限定支持全部字段、书名、作者、主题词搜索（图3-11）。

图3-11　读秀搜索

（五）超星电子图书数据库：http://www.sslibrary.com/

超星电子图书数据库属于全球最大的中文在线图书馆之一，拥有丰富的电子图书资源，中文图书超百万余种，图书涵盖中图法22个大类，还拥有大量的珍本、善本民国图书等稀缺数字资源。

超星电子图书数据库与读秀学术搜索实现了互联，在读秀中搜索到的图书，可以通过"本馆电子全文"链接到超星电子图书全文。

（六）其他

中国国家图书馆民国期刊数据库：http://mylib.nlc.cn/web/guest/minguoqikan，主要保存民国时期的文献。它以篇名数据、书目数据、数字对象为内容，具有简单检索、高级检索、二次检索、条件限定检索和关联检索等功能，可提供4351种电子期刊的全文浏览。

中国科技论文在线：http://www.paper.edu.cn/，是经我国教育部批准，由教育部科技发展中心主办，采用现代信息技术手段，针对发表困难、学术交流渠道窄等问题，为科研人员提供的交流平台，可及时发表成果，或作为新观点的有效获取渠道。

博看网：http://new.bookan.com.cn/，中文畅销报刊在线阅读平台，提供种类齐全的信息，包括教学频道和大众频道，涵盖实证新闻、文学文摘、农村农业、科学技术、医药卫生等报刊信息。

二、 外文科技信息数据库

（一） 爱思唯尔 ScienceDirect： https: //www. sciencedirect. com/

ScienceDirect 数据库（简称 SD）是著名的 Elsevier 出版公司的核心产品，每年出版大量的学术图书、期刊，涉及多学科。目前，该数据库收录了 2200 多种期刊，包括农业和生物科学、生物化学及遗传学和分子生物学、商业及管理和财会、化学工程学、化学、决策科学、能源和动力、工程和技术等 24 个学科。其中，SCIE、SSCI 收录期刊 1375 种，EI 收录期刊 522 种。

ScienceDirect 提供快速检索、高级检索功能，检索结果提供按年份、文章类别、出版物名称等排序。高级检索提供刊名、年份、作者、作者机构、标题、摘要或关键词等字段限定检索。SD 属于全文数据库，数据实时更新，支持 HTML 和 PDF 格式阅读全文，提供检索与浏览相结合服务，支持个性化服务，整合了 Scirus 和 Scopus 平台信息。SD 数据库支持逻辑算符 AND、OR、AND NOT 使用；支持 "?"（确定字母数）、" ＊ "（不确定字母数）的截词符使用；支持双引号 " " 作为词组检索；支持大括号 " ｛ ｝ " 作为完全匹配检索等检索技术。

如检索 "criminal ＊ insane ＊" 可以得到命中信息 criminally insane 和 criminal insanity。该数据库的检索规则，如表 3-1 所示。

表 3-1　SD 数据库检索规则

检索符号	检索结果表达含义	语句示例
AND	同时出现在文章中	Game AND engine
OR	其中一个出现在文章中	Kidney OR renal
AND NOT	后面紧跟的词不出现在文章中	traffic flow AND NOT road
" "	结果以词组形式出现，且位置不变、不可拆分	"online shopping"
｛｝	检索结果与检索词严格匹配	｛C ＋ ＋｝，检出结果只是 C ＋ ＋
＊	取代 0 至多个字母	h ＊ r，检出 heart、heat 等
?	1 个 ? 取代一个字母，多个 ? 取代多个字母	gro? t，检出 groat、grout；plant??，检出 planted
( )	定义检索词顺序	(remote OR satellite) AND education
W/nn	两个词相隔不超过 n 个词，词序不定	pain W/5 morphine
PRE/nn	两个词相隔不超过 n 个词，词序一定	behavioural PRE/3 disturbances
作者检索	先输入名的全称或缩写，然后输入姓	r smith、jianhua zhang

【**实例3-2**】 检索有关金银花提取的外文期刊论文全文。

【**题解**】 金银花 honeysuckle，提取 extract、extractive，选择 SD 数据库的高级检索 advanced search，选择"title，abstract，keywords"，限定年份为"2012—2020"（如图3-12②③），在检索框中输入"honeysuckle and extract＊"（如图 3-12①）；得到 27 条检索结果（如图 3-12④）。可对检索结果进一步排序，如按照年份、文章类别、出版物名称等排序（如图 3-12⑥⑦⑧）。

如需获取文章全文，点击文章标题或"Download PDF"即可实现（如图 3-12⑤）。

图 3-12　SD 数据库检索结果

（二） 施普林格 SpringerLink： https：//link.springer.com/

德国施普林格集团 Springer 是世界上著名的科技出版集团。它通过 Springer Link 系统提供学术期刊、电子图书、参考工具书及实验指南等数字信息的检索和访问。Springer 和 EBSCO/Metapress 开通了 SpringerLink 电子期刊服务。

目前，Springer 是全球最大的学术书籍出版公司，每年出版期刊 2000 余种，其中约 60% 被 SCIE、SSCI 收录，包括 11 个学科：生命科学、医学、数学、化学、计算机科学、经济、法律、工程学、环境科学、地球科学、物理学与天文学，是教学科研的重要数字信息源（一些期刊在相关学科拥有较高的知名度）。SpringerLink 平台支持快速检索、高级检索，支持按学科浏览检索。

【实例 3-3】　　查找 2011—2020 年有关"information literacy education"（信息素质教育）主题的外文信息，并下载获取全文。

【题解】　　选择 Springer 数据库，选用"advanced search"检索功能（如图 3-13①）；使用精确检索，输入检索词"information literacy education"（如图 3-13②）；限定年份在 2011—2020 年（如图 3-13④）；得到 122 篇相关信息（如图 3-13③）。其中，Chapter 104 篇、Conference Paper 87 篇、Article 16 篇、Reference Work Entry 2 篇（如图 3-13⑥）；提供 Discipline、Subdiscipline、Language 等显示（如图 3-13⑦⑧⑨）。

点击文章标题可获取文章全文（如图 3-15⑤）。

图 3-13　Springer 检索结果界面

（三）　EBSCOHost 学术信息、商业信息数据库：http: //search.ebscohost. com/

EBSCO 公司是目前世界上最大的提供学术电子文献服务的专业公司，成立于 1944 年，目前开发了 300 多个在线数据库产品，涉及商业、贸易、金融、企业管理、人文社科、教育、计算机、工程、医学等多个学科领域。以下介绍 EBSCO 公司旗下几种知名数据库产品。

Academic Source Complete（综合学科参考类全文数据库，简称 ASC），收录了 1887 年

至今的 12800 多种期刊，包括 8700 多种全文期刊，553 种非期刊类全文出版物（如图书、报告及会议论文等）。收录主题涉及社会科学、教育、法律、医学、信息科技、军事、文化、健康卫生医疗、宗教与神学、生物科学、艺术、视觉传达、表演艺术、心理学、哲学等。

Business Source Complete（商管财经类全文数据库，简称 BSC），收录了 1886 年至今的 3319 种期刊索引及摘要，其中 2300 多种全文期刊、10000 多种非期刊全文出版物（如案例分析、专著、国家及产业报告等），收录主题涉及金融银行、国际贸易、商业管理、房地产、财务金融、能源管理、知识管理、保险、法律、税收、电信通信等。

LISTA（图书馆信息与科学技术数据库），收录了 1960 年以来的 560 多种核心期刊、图书、研究报告和会议录的索引等。LISTA with Fulltext 除收录 LISTA 所有内容外，还收录了超过 330 种全文期刊。

PsycARTICLE（美国心理学会全文数据库），收录了美国心理学会出版的全部期刊、教育出版基金会出版的部分期刊全文，符合心理学基础研究、应用研究及临床应用与心理治疗的需求。该数据库收录了 1998 年至今大约 150000 篇论文。

Academic Search Elite（学术期刊全文数据库），收录了 1990 年至今的 1350 多种全文期刊和自 1984 年以来的 2668 种索引及摘要，涵盖多元化的学术领域，包括生物科学、工商经济、资讯科技、通信传播、工程、教育、艺术、文学、语言学、医药学及妇女研究等学科领域。

另外，该数据库同时可提供 EBSCO Online Citations、Newspaper Source、Professional Development Collection 平台的使用权限。

（四）ProQuest 数据库平台：http://search.proquest.com/

ProQuest Information and Learning 公司起源于 1938 年创立的 University Microfilms（UMI）。ProQuest 平台提供 60 多个文献数据库，包含文摘题录信息和部分全文信息。2012 年起，原剑桥科学文摘（Cambridge Scientific Abstracts，CSA）平台数据库全部合并到 ProQuest 平台。目前，ProQuest 涉及人文社会、医药学、生命科学、水科学与海洋学、环境科学、计算机科学、材料科学等领域。ProQuest 平台典型数据库如下：

Research Library 为 ProQuest（综合学术期刊数据库），收录了 1902 年至今的 6600 多种期刊，涉及商业、文学、语言、表演和视觉艺术、历史、宗教、医学、社会学、教育学、科学和技术等领域，多数刊近年来提供文献全文。

Periodicals Archive Online（典藏学术期刊全文数据库，简称 PAO），收录了 1802—

2006 年的 760 多种人文社科类权威期刊的过刊全文。

ProQuest（商业信息经济数据库），内容覆盖商业、金融、经济、管理等领域，收录学术期刊、报纸、公司信息，绝大部分提供全文。ProQuest 包括 ABI/INFORM Collection（商业、经济管理学科全文文献数据库）、Business Market Research Collection（公司、行业及地缘政治宏观市场）、EconLit（经济学文献数据库）。

ProQuest Dissertations and Theses（国外博硕士论文数据库，简称 PQDT），收录了 1637 年至今的学位论文，特别是北美高等院校博硕论文的核心资源。该库多数论文前 24 页可以免费预览。

心理学数据库包括 PsycARTICLES（收录 1894 年至今的心理学期刊全文）、PsycINFO（收录 1963 年至今的心理学文摘索引）、PTSDpubs（原名 PILOTS，美国国家创伤后应激障碍中心数据库，收录 1871 年至今的资源）。

Natural Science Collection（自然科学全文资源专辑），广泛收录农业科学、水生科学、大气科学、生物学、地球科学、环境科学及其相关学科领域的核心学术期刊和其他类型出版物，该库包括三个主要的数据库：Agricultural & Environmental Science Collection（收录了 1960 年至今的农业科学与环境科学期刊全文）、Earth, Atmospheric & Aquatic Science Collection（收录了 1950 年至今的地球科学、大气科学与水产科学期刊全文）、Biological Science Collection（收录了 1946 年至今的生物科学期刊全文）。

【实例 3-4】　检索有关三蕊柳类木本植物消浪护堤、净化水质的生态防护主题的研究现状。

【题解】　涉及三蕊柳的关键词有 salix triandroides, salix, willow，相关词汇有护堤、护岸、水质，如 bank protection、water quality，防风、防浪、抗风浪，如 anti wave、wave prevention、anti stormy waves；构建检索语句，如 salix and "bank protection"、willow and "water quality"、（salix or willow）and（"bank protection" or "water quality"）等。

选用 ProQuest 数据库平台的 Agricultural & Environmental Science Collection、Biological Science Collection 两个子数据库，获得相应的研究文献。选择高级检索（如图 3-14①），输入检索语句 ti（salix or willow）and（"bank protection" or "water quality"），获得 168 条检索结果，如图 3-14②所示。检索结果可以按出版物类型、出版时间、主题进行排序，如图 3-14③④⑤所示。如需获得全文，点击检索结果题录标题信息即可，如图 3-14⑥所示。

图 3-14　ProQuest 检索结果页面

第三节　引文信息检索与应用

引文，也称为"被引文献""参考文献"，它是为撰写论文、著作等而引用或参考的有关文献资料，通常会附在论文、著作或章节的末尾，有时候也以附注或脚注形式出现在正文中。引文数据库是一种以不同文献信息之间引证和被引证关系为基础的数据库。

引文文献和被引文献之间的逻辑关系是进行引文分析的基础。引文分析的作用常被用于各类学术评价中。通过引文分析，可以科学评价学科文献、评价学者、了解学科发展时态、评价各种信息类型（如期刊、图书专著、专利、标准、学位论文等），以及学术机构的学术影响力等。若需要广泛了解某种信息的被引情况，通常需要借助引文数据库或引文检索工具。

一、Web of Science 核心合集：http: //www. webofscience. com

Clarivate Analytics（科睿唯安，原汤森路透知识产权与科技事业部）致力于为全球客户提供值得信赖的数据与分析。Web of Science 是全球获取学术信息重要的引文数据库，简称 WOS 数据库，支持主题、标题、作者、出版物名称、出版年、地址、作者识别码、出版物名称、DOI、编者、团体作者等字段限定检索，支持被引参考文献检索，提供被引作者、被引著作、引用的 DOI、被引年份、被引卷、被引期、被引页、被引标题等信息检索。

（一）三大引文数据库：SCIE、SSCI、A&HCI

Science Citation Index Expanded：科学引文索引库，简称 SCI－E 或 SCIE，截至 2019 年 12 月，SCIE 收录了 1900 年以来涉及 178 个自然科学学科 9300 多种高质量期刊。

Social Science Citation Index：社会科学引文索引，简称 SSCI，收录了 1900 年以来涉及的 58 个社会科学学科 3400 多种权威学术期刊。

Arts & Humanities Citation Index：艺术与人文引文索引，简称 A&HCI，收录了 1975 年以来的 28 个人文艺术领域学科 1800 多种具有国际性高影响力的学术期刊数据内容。

（二）新兴资源引文索引：ESCI

Emerging Sources Citation Index：新兴资源引文索引，简称 ESCI，收录 2005 年以来 254 个学科 7600 多种国际性、高影响力的学术期刊。

SCI－E、SSCI、A&HCI 和 ESCI 期刊数据库收录的期刊信息，可以访问 Master Journal List（http：//mil. clarivate. com）查看详情。三大引文数据库和 ESCI 共同构成 Web of Science 核心合集的四大期刊库。

【实例 3-5】 检索"Involvement of caveolin－1 in neurovascular unit remodeling after stroke：Effects on neovascularization and astrogliosis"一文的发文情况、被 SCI－E 收录的情况及引用情况。

【题解】 选择 WOS 数据库，打开核心合集（如图 3-15①），选择标题字段限定，输入"Involvement of caveolin－1 in neurovascular unit remodeling after stroke：Effects on neovascularization and astrogliosis"，得到该文的收录情况。该文发表在 2020 年 1 月份 JOURNAL OF CEREBRAL BLOOD FLOW AND METABOLISM（期刊）第 40 卷第 1 期的 163－176 页（图 3-15②）；被引频次为 5 次（图 3-15③），点击链接可以获取引用详情；如需获取该文发表所在期刊的影响因子和分区情况，点击期刊名即可实现（图 3-15④⑤）。

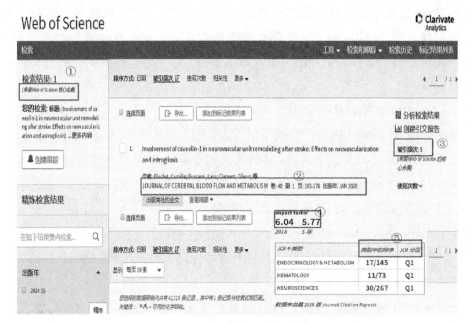

图 3-15　WOS 核心合集 SCI - E 检索结果显示

（三）国际会议录引文索引：CPCI - S、CPCI - SSH

Conference Proceedings Citation Index - Science：科技会议论文引文索引库，原名 ISTP，简称 CPCI - S，收录了 1990 年以来的自然科学学科会议论文，包括一般性会议、座谈会、研究会、讨论会、发表会等。

Conference Proceedings Citation Index - Social Sciences & Humanities：社会科学及人文科学会议录索引库，原名 ISSHP，简称 CPCI - SSH，收录了 1990 年以来的社会科学、艺术及人文科学等领域的会议论文信息。

（四）图书引文索引：BKCI

Book Citation Index：图书引文索引，简称 BKCI，专门针对科技图书及专著的引文索引库，包括自然科学 Book Citation Index - Science（BKCI - S）、社会科学及人文 Book Citation Index - Social Sciences & Humanities（BKCI - SSH）两个版本。BKCl 数据库收录了自2005 年以来的图书，年增 10000 余种新书。通过 BKCI，可以实现对图书章节、图书和丛书信息的深入标引，浏览图书所包含各章节的被引情况。

（五）化学信息数据库

化学信息数据库包括 Index Chemicus®（检索新化合物）和 Current Chemical Reactions®（检索新化学反应）。数据可以追溯到 1900 年。

二、 期刊引证报告 JCR： https: //jcr. clarivate. com/

JCR 全称为 Journal Citation Reports，是科睿唯安公司基于 Web of Science（SCIE/SS-CI）引文数据的期刊评价，分为 JCR Science Edition 和 JCR Social Science Edition 两个版本。其中，JCR – Science 涵盖 83 个国家或地区约 2000 家出版机构的 8500 余种期刊，176 个学科领域。JCR – Social Sciences 涵盖 52 个国家或地区 713 家出版机构的 3000 多种期刊，56 个学科领域。JCR 平台可以通过 Web of Science 平台链接或登录专门的 JCR 网站，查找具体期刊被 SCI、SSCI 收录的情况。

JCR 可以实现检索期刊排名情况、期刊被引情况、期刊参考文献情况等，包括期刊近五年在 WOS 学科分区及在该学科中的排名情况、展示近两年 ESI 学科分区及在该学科领域的排名情况、分年度展示期刊参考文献及引用半衰期和引用文章数量等。JCR 期刊分区表主要包括四个分区 Q1、Q2、Q3、Q4，该知识点在前面相关章节有过介绍。

三、 基本科学指标 ESI： https: //esi. clarivate. com/

Essential Science Indicators[SM]，简称 ESI。它是一个基于 Web of Science 核心合集数据库的深度分析型研究工具，可以确定在某个研究领域有影响力的国家、机构、论文和出版物及研究前沿。ESI 基于论文产出和引文影响力深入分析的是政府机构、大学、企业、实验室、出版公司和基金会的决策者、管理者、情报分析人员和信息专家等。

通过 ESI，用户可以对科研绩效和发展趋势进行定量分析和长期跟踪。基于期刊论文发表数量和引文数据，ESI 提供对 22 个学科研究领域中的国家、机构和期刊的科研绩效统计和科研实力进行排名。ESI 收录了来自超过 1 万余种 Web of Science 核心合集（SCI – E/SSCI）收录的期刊，文献类型为 Article 或 Review，数据源于近 10 年期刊滚动数据，每两个月更新 1 次。每种期刊按照 22 个学科进行分类标引，1 种期刊只对应 1 个学科，提供国家、机构、论文和期刊排名。

ESI 的主要作用表现在：可以分析机构、国家和期刊论文的产出和影响力；按照研究领域对国家、期刊、论文和机构进行排名；发现自然科学和社会科学中的重大发展趋势；确定具体研究领域中的研究成果和影响力；评估潜在合作机构，对标同行机构。因此，目前 ESI 成为各大学校学术评价、学科建设、学科服务的评价和分析工具。

【实例 3-6】 查找"湖南农业大学"ESI 收录的 top papers 详情。

【题解】 如图 3-16 所示，打开 ESI 数据库，在"result list"中选择"research fields"，然后在"add filter"位置输入"hunan agricultural university"，获得"plant & animal science"和"agricultural science"两个学科领域的 top papers（高水平论文）各为

14 篇、10 篇，所有学科领域共计 68 篇。点击 top papers 位置的数字详情，可以获得高水平论文详细题录信息。

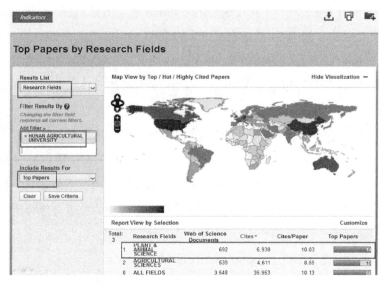

图 3-16　ESI 检索结果页面显示

四、 Scopus： http://www.scopus.com/

Scopus 由 Elsevier 出版商提供，收录了全球 5000 多家出版商的 20000 多种期刊、800 多种会议录及数百种丛书，涉及人文、科学、医学等学科信息。其中，多数来自 Elsevier、Kluwer、IEEE、John Wiley、Springer、Nature、American Chemical Society 等。Scopus 除提供文摘外，还提供文章被引用情况及文章的参考文献信息，通过检索结果页面可以实现 SFX 链接获取全文。

五、 中国科学引文数据库 CSCD： http://sciencechina.cn/

中国科学引文数据库，英文全称为 Chinese Science Citation Database，简称 CSCD，创建于 1989 年，由中国科学院文献情报中心研制，收录了我国数学、物理、化学、天文学、环境科学和管理科学等领域出版的中英文科技核心期刊和优秀期刊千余种。

CSCD 数据库每两年更新一次，2019—2020 年度中国科学引文数据库收录来源期刊为 1230 种，其中，中国出版的英文期刊 229 种、中文期刊 1001 种。中国科学引文数据库来源期刊分为核心库和扩展库两部分，其中核心库 910 种（用 C 标记）；扩展库 320 种（用 E 标记）。CSCD 提供作者、第一作者、题名、刊名、ISSN、文摘、机构、第一机构、关键词、基金名称、实验室、ORCID、DOI 等字段限定的来源文献检索，支持被引作者、被引第一作者、被引机构、被引来源、被引实验室、被引文献主编等字段限定的检索，支持简单检索、高级检索和来源期刊浏览等功能。

六、 中文社会科学引文索引 CSSCI： http://cssci.nju.edu.cn/

中文社会科学引文索引，英文全称为 Chinese Social Sciences Citation Index，简称 CSS-CI。它是由南京大学投资建设、南京大学中国社会科学研究评价中心开发研制的人文社会科学引文数据库，用来检索中文人文社会科学领域的论文收录和被引用情况。CSSCI 遵循文献计量学规律，采用定量与定性相结合的方法，将全国 2700 余种中文人文社会科学学术期刊作为来源期刊数据获取源。

CSSCI 每两年更新一次，CSSCI 来源期刊（2019—2020）目录中收录 568 种期刊；CSSCI 来源期刊扩展版（2019—2020）目录中收录 214 种期刊。CSSCI 数据库提供来源文献检索、被引文献检索。来源文献检索支持篇名、作者、机构等字段限定检索。

七、 中文学术图书引文索引 CBKCI： http://cssrac.nju.edu.cn/cbkci

中文学术图书引文索引，英文全称为 Chinese Book Citation Index，简称 CBKCI。它是由南京大学投资建设，为推动中文学术出版研究、评价创新的人文社会科学文献数据服务平台。CBKCI 数据库收录了 1992 年以来国内出版的中文人文社会科学学术专著累计 4000 余种，覆盖人文、社会科学等 21 个学科，支持书名、作者、作者机构、出版机构类别检索。

八、 中国引文数据库 CCD： http://ref.cnki.net/ref

中国引文数据库，英文全称为 Chinese Citation Database，简称 CCD。它是基于中国知网数据库 CNKI 的文后参考文献和文献注释为信息对象而建立的引文数据库。CCD 可以回溯检索 1900 年以来的包括期刊论文、图书、学位论文、会议论文、专利、标准和年鉴等文献类型的引文数据，用于揭示各种类型文献之间的相互引证关系。

CCD 的主要功能包括引文检索、检索结果分析、作者引证报告、文献导出、数据分析器及高被引排序等模块。其中，检索功能包括文献检索、作者检索、机构检索、期刊检索、基金检索、学科检索、地域检索和出版社检索等多项限定检索。高被引排序包括高被引作者、高被引期刊、高被引院校、高被引医院、高被引文献和高被引学科 6 种高被引排序。

第四节　特种信息检索与应用

特种信息又称灰色信息，一般是指出版发行和获取途径比较特殊的科技信息，包括专利、学位论文、标准、商标、会议信息等。特种信息特色鲜明、内容广泛、数量庞大、学术参考价值较大，是非常重要的信息资源。基于特种信息发行渠道、获取方式、载体形式的特殊性，在数字资源检索与利用方面，主要侧重于对特种信息获取途径的介绍和总结。

一、专利

专利，从法律意义上来讲，是属于专利权的简称，是依照法定程序确认的专利权人对发明创造享有的专有权。专利文献一般是政府专利机构公布或归档的与专利有关的所有文献，包括各种类型的专利说明书、国家专利机构审理的专利申请案及诉讼案的有关文件、各国专利机构出版的专利公报、各种专利文摘和索引等二次专利信息文献等，其中，以专利说明书为主。我国的专利文献主要包括：

① 发明专利公报、实用新型专利公报、外观设计专利公报；

② 发明专利申请公开说明书、发明专利说明书；

③ 实用新型专利说明书；

④ 专利年度索引。

我国的专利主要有三种：发明专利、实用新型和外观设计。根据《中华人民共和国专利法》规定，授予专利权的发明专利和实用新型，应当具备新颖性、创造性和实用性；授予专利权的外观设计，应采用申请日以前在国外出版物上公开发表或国内公开使用过的外观设计不相同、不相似，且不可以与他人取得的合法权益相冲突。另外，对于科学发现、智力活动的规则和方法、疾病的诊断和治疗方法、动物和植物品种、用原子核变换方法获得的物质、用平面印刷品的图案色彩或者二者结合做出的主要起标识作用的设计不授予专利权。

目前，国际上的专利分类体系有三种：国际通用分类体系、部分国家或专利组织制定的分类体系和部分商业公司制定的分类体系。而国际专利分类 IPC 是目前世界上应用最广的专利分类体系，它采用分类等级由高至低分为部、大类、小类、大组、小组。

（一）国家知识产权局中国专利公布公告系统： http://epub.sipo.gov.cn/

中国专利公布公告系统是由中华人民共和国知识产权局主办、知识产权局出版社设计开发的官方免费专利检索与查询系统。它收录了自 1985 年以来公布公告的全部中国专利信息，可以查询发明公布、发明授权、实用新型和外观设计（图 3-17①），提供发明授权、发明授权更正、发明解密的类型选择（图 3-17②），检索结果支持按申请日升序或降序排列、按公布公告日升序或降序排列（图 3-17③），检索结果排列显示支持公布模式、列表模式、附图模式（图 3-17④）。

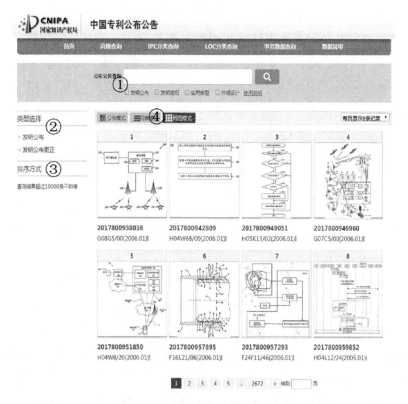

图 3-17　中国专利公布公告系统

中国专利公布公告系统提供快速检索（图 3-17①）、高级检索，支持 IPC 分类查询、LOC 分类查询、事务数据查询、数据说明等功能。其中，高级检索专利类型、排序方式（公布公告日、申请日）、公布公告号、申请号信息（申请号、申请日、申请专利权人、发明设计人、地址）、分类号、名称、摘要说明、专利代理机构、代理人、优先权、本国优先权、分案原申请、生物保藏、PCT 进入国家阶段日、PCT 申请数据、PCT 公布数据等字段限定检索；支持 and、or、not 逻辑运算式，以及?、%的截词符使用。

事务数据查询中，支持专利类型、事务类型、事务信息（申请号、事务数据公告日、事务数据信息）等事务检索。

（二）**国家知识产权局的专利检索及分析平台：** http://www.pss‐system.gov.cn/sipopublicsearch/portal/uiIndex.shtml

专利检索及分析平台是由中国国家知识产权局自主研发，用于专利检索、专利分析集成系统。该平台提供国内和国外（涉及美国、日本、EPO、WIPO 等 98 个国家、地区或组织）专利信息资源的检索服务，具体包括专利检索、分析、预警和机器翻译等功能。CNIPR 是基于中国国家知识产权局专利平台研发的平台，有利于专利信息用户掌握专利信息动态，帮助政府、企业和个人制定知识产权战略和经营发展战略。

专利检索及分析平台提供多语种（英语、葡萄牙语、日语、西班牙语、法语等）专利信息检索，支持专利检索、专利分析、药物分析等功能。该平台支持 AND、OR 的布尔逻辑运算符，支持间隔符"‐"、"."，半角括号"（）"算符的使用。检索平台提供常规检索、高级检索、导航检索、药物检索、任务工具、命令行检索等功能，用户第一次访问需使用邮箱实名注册后登录检索。

（三）**世界知识产权组织 WIPO Patentscope：** http://patentscope.wipo.int/search/

WIPO 总部设在瑞士日内瓦，是致力于全球知识产权服务、政策、合作的国际性论坛。目前，WIPO 拥有 187 个成员，其宗旨是通过成员之间的合作，促进全世界对知识产权的保护，利用知识产权作为激励创新与创造手段。

WIPO 主页提供中文、俄语、德语、日语、法语、葡萄牙语、韩语等 8 种语言检索界面，支持全文、英语文本、IPC 等途径检索。各国专利收录年限不一，提供多语种、多国或多地区专利检索，是网络途径获取各国专利较全面的平台。WIPO 的 Patentscope 平台检索界面支持首页、任意字段、中文文本、识别码/编号、国际分类（国际专利分类）、名称、日期等字段限定检索。

（四）**Espacenet Patent Search：** https://worldwide.espacenet.com/

Espacenet 是根据欧洲专利公约，由欧洲专利局、欧洲专利组织成员国和欧洲委员会联合推出的 esp@cenet 服务，提供基于 Internet 的免费专利查询服务。新版 Espacenet 可免费检索欧洲专利局、世界知识产权组织、欧洲专利局各成员国、日本专利英文文摘及部分世界范围内的专利信息，提供英语、德语、法语、中文和日语 5 种语言检索界面的对接窗口，免费检索 1836 年以来全球超过 90 万种发明创造和科技发展的专利信息。

（五）美国专利商标局 USPTO： https: //www. uspto. gov/， http: //patft. uspto. gov/

USPTO 提供专利保护、商品商标注册和知识产权证明服务，提供网上免费专利数据的检索、阅读。通过该站点提供的资源有授权专利数据库、申请专利数据库、法律状态数据库、法律状态检索、专利权转移检索等，数据库每周更新 1 次。

（六）日本专利局 IPDL： http: //www. j-platpat. inpit. go. jp/

IPDL 由日本专利局创建，提供日本专利、实用新型、外观设计、商标等专利电子信息免费检索和阅读服务，提供英语和日语检索。

IPDL 提供免费检索 1885 年以来公布的所有日本专利、实用新型和外观设计的电子文献，提供英文版、日文版两种文字版面，英文版页面提供商标数据、日本专利及实用新型，日文版页面还含有外观设计数据信息。

（七）德温特创新平台 Derwent Innovation： https: //clarivate. com/products/derwent-innovation/

德温特创新平台（Derwent Innovation，简称 DI，曾称为 Thomson Innovation）基于德温特世界专利索引（Derwent World Patents Index，简称 DWPI）而打造，由科睿唯安公司提供，数据涵盖来自 50 多个专利授权机构和 2 个防御性公开的非专利文献。通过提供覆盖全球范围的英文专利信息，实现创新活动的完整图景。DWPI 还采用独特的分类代码和索引系统，技术专家采用该方法对全球各大专利授权机构和所有技术领域的专利进行人工分类标引，遵循一致的分类原则，以实现准确、具有相关性的信息检索。专利全文来自包括美国、英国、加拿大、法国、德国、日本、韩国等国的专利全文数据。

（八）Innography： https: //app. innography. com

Innography 是一款专利在线检索及分析工具，2007 年由美国 INNOGRAPHY 公司推出，2015 年被 CPA GLOBAL 收购。Innography 提供 100 多个国家 1 亿多篇专利信息及法律状态的查询，包括 22 个国家的专利全文数据，收录了邓白氏商业情报数据库及美国证券交易委员会等专利权人财务数据，可以实现检索和分析来自美国法院电子数据库系统（PAC-ER）的专利诉讼案件、美国国际贸易委员会（ITC）337 调查及美国 PTAB 的专利无效复审案件，提供美国商标信息查询。

Innography 的特点主要体现在丰富的数据源（包括专利、公司、财务、市场、诉讼、商标、科技文献、标准等数据，并进行关联分析）、专利强度指标（可以快速筛选核心专利）、专利地图分析、竞争势态分析、自动专利侵权、自动专利无效分析、专利诉讼分析等功能。

（九） 其他专利站点

中国知网专利数据库：http：//www. cnki. net/；万方中外专利数据库：http：//www. wan-fangdata. com. cn/index. html；美国专利申请和查询网站：http：//www. freepatentsonline. com/；SooPAT：http：//www. soopat. com/；Baiten 佰腾网：https：//www. patexplorer. com/；韩国 KIPO：http：//www. kipo. go. kr/kpo/eng/；欧洲内部市场协调局：https：//oami. europa. eu/ohimpor-tal/en/；澳大利亚：http：//www. ipaustralia. gov. au/；香港知识产权署：http：//www. ipd. gov. hk/；加拿大专利商标局：http：//www. ic. gc. ca/eic/site/cipointernet-internetopic. nsf/eng/Home。

二、 学位论文

学位论文是高等院校或科研院所学生为获得学位而撰写的学术论文。根据授予学位的不同，学位论文分为学士论文、硕士论文和博士论文。学位论文不公开出版发行，一般只在学位授予单位图书馆和按照国家规定接受呈缴本的国家版本图书馆保存学位论文副本。

学位论文检索的常用字段：主题、题名（也称标题、篇名）、关键词、摘要、全文、参考文献、分类号、专业、作者、导师、第一导师、学位授予单位、授予年份等。

国外学位论文检索平台：美国 ProQuest Digital Dissertation Library（PQDD，ProQuest）学位论文库：https：//search. proquest. com/pqdtsciengai/index；美国 NDLTD 国家自然科学基金学位论文共建共享项目：http：//www. ndltd. org/。

国内学位论文检索平台：中国国家图书馆学位论文库：http：//mylib. nlc. cn/web/guest/boshilunwen；CALIS 高校学位论文数据库：http：//etd. calis. edu. cn/；国家科技图书文献中心学位论文库：https：//www. nstl. gov. cn/；万方学位论文数据库：http：//www. wanfangdata. com. cn/index. html；CNKI 中国知网博硕士论文库：http：//www. cnki. net/；CALIS 高校学位论文库：http：//etd. calis. edu. cn/；中国科学院学位论文数据库：http：//sciencechina. cn/index. jsp；HKMO 港澳博硕学位论文库：http：//www. hkmolib. com；以及各高校自建的博硕士学位论文库。

三、 标准

标准，也称为技术标准、技术规范等，是技术上的法律或规范。标准与规范构成技术合同、采购订货、技术验收、产品测试、科学研究等活动的主要技术依据和行为规范。

按照涉及的内容，标准分为基础标准、产品标准、方法标准、安全卫生标准等；按照成熟度，标准分为正式标准、法定标准、推荐标准、试行标准等；按照使用范围，标准分为国际标准、区域标准、国家标准、行业标准、企业标准等。

查找标准的检索平台：ISO 国际标准化组织：https：//www. iso. org/home. html；国家标准化管理委员会：http：//www. sac. gov. cn/；国家标准频道：http：//www. chinagb. org/；中国标准服务网：http：//www. cssn. net. cn/；中国知网 CNKI《标准数据总库》：http：//www. cnki. net/；万方中外标准数据库：http：//www. wanfangdata. com. cn/index. html；中国标准信息服务网：https：//www. sacinfo. cn/；德国标准化协会：https：//www. din. de/de；加拿大标准学会：http：//www. scc. ca/；美国国家标准研究院：https：//www. ansi. org/。

除此以外，我国还有一些地方标准化研究院，可以查找大量的地方标准颁发和授予的详情及全文。如中国标准化研究院：http：//www. cnis. gov. cn/；上海市质量和标准化研究院：http：//www. cnsis. info/；重庆市标准化研究院：http：//www. cqis. cn/；山东标准化研究院：http：//www. sdis. org. cn/；云南标准化服务信息网：http：//www. ynbz. net/index. htm；湖南省质量和标准化研究院：http：//www. hnis. cn/；河北省标准化研究院：http：//www. hebstd. net. cn/；四川省标准化研究院：http：//www. scis. net. cn。

四、 商标

商标，是带有知识产权性质的法律术语。它指某品牌或品牌的一部分在政府有关部门依法注册，用来区分经营者或商标注册人的品牌、服务与其他经营者的商品、服务的不同。商标包括文字商标、图形商标、字母商标、数字商标、三维标志商标、颜色组合商标及以上组合商标。

查找商标的网站：国家工商行政管理总局商标局、中国商标网：http：//sbj. saic. gov. cn/sbcx/；中国知识产权大数据与智慧服务系统：http：//www. publicdi. com/list/trademark. html；世界知识产权组织：http：//www. wipo. int/portal/en/index. html；世界知识产权组织的"全球品牌数据库"：www. wipo. int/reference/zh/branddb/；美国专利商标：http：//www. uspto. gov/trademark；国际商标协会：http：//www. inta. org/Pages/Home. aspx。

五、 会议信息

会议信息，主要是围绕某一主题会议，在会前、会中、会后出现的文献。按照会议信息类型，其可以分为征文启事、会议通告、论文会前摘要、会上讲话、会议专刊、讨论会报告、会议纪要等，这些都是属于会议信息的重要来源。

　　会议信息常用的专业术语有 conference（会议）、convention（大会）、congress（代表大会）、symposium（专业讨论会）、colloquium（学术讨论会）、workshop（专题讨论会）、seminar（研究讨论会）等多种形式。按照会议论文规模，其可分为国际性会议、全国性会议和地方会议。会议论文涉及各类学科中的新发现、新研究、新进展，专业性和实效性强。

　　查找会议信息的站点主要有：CNKI 国内外重要会议论文全文数据库：http：//www. cnki. net；万方中国学术会议文献数据库：http：//www. wanfangdata. com. cn/conf/load. do；科睿唯安会议信息数据库：CPCI－S 和 CPCI－SSH；能源专业知识服务系统：http：//db. energy. ckcest. cn/zhxx/zywhydb/；工程索引：https：//www. engineeringvillage. com/。

实 习 题

　　1. 学会检索 *Nature* 这一期刊被 SCIE 收录的详情，包括期刊影响因子、学科排名及分区情况。

　　2. 常用的科技信息检索工具有哪些？结合专业所学要求，检索实习并获取原文。

　　3. 查找中国科技大学 2019 年获得硕士学位、博士学位的论文。

　　4. 检索并获得标准（GB7714—2015）《信息与文献　参考文献著录规则》的全文。

第四章

学术不端与学术规范

本章主要从学术伦理角度出发，涉及数字资源使用过程中学术不端行为的归纳、总结。同时，介绍学术规范及参考文献的引用与方法。该章节的学习以理解为主，注重平时学习、科研时的实践应用。

关键术语

学术不端行为　学术规范　APA　MLA　GB7714–2015　专著
学位论文　期刊　标准　专利　会议录　档案　析出文献

本章提要

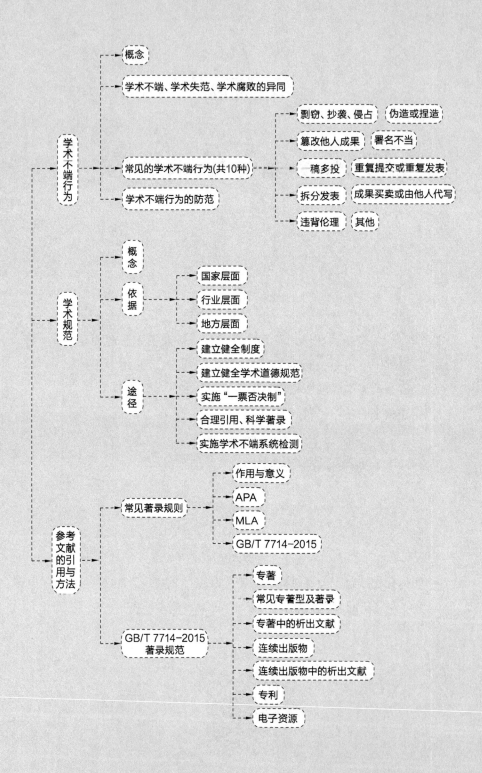

第一节　学术不端行为

一、 学术不端行为的概念

根据教育部《高等学校预防与处理学术不端行为办法》的相关规定，学术不端行为主要是指高等学校及其教学科研人员、管理人员和学生，在科学研究及其相关活动中，发生了违反公认的学术准则、违背学术诚信的行为。

具体来说，学术不端常见于学术作品经过评审、编辑加工和复制后向受众传播的专业活动中。学术不端，是相对于学术规范而言的。它一般指违反学术规范、学术道德的行为，包括学术界的一些弄虚作假、行为失范的行为，也指某些学者在学术方面剽窃、抄袭他人研究成果，或恶意一稿多投的不良行为等。

学术不端行为败坏学术风气、阻碍学术进步、违背科学精神和道德、舍弃科学研究实验数据等真实诚信原则，容易阻碍科学和教育事业的发展，是损害学术科学严谨形象的丑陋行为和现象。

二、 学术不端、 学术失范、 学术腐败的异同

掌握学术不端的概念，还需了解它与学术失范、学术腐败的异同。学术不端、学术失范、学术腐败三者之间既有联系，又存在一定的区别。

学术失范，一般是指违背学术规范造成的技术性过失。例如，学术行文过于口语化而未使用书面用语、引用不当、论文发表失范（非恶意一稿多投）、批评失范（歪曲他人观点、人身攻击等）等。学术失范一般是因为知识贫瘠或学术态度不严谨引起的失误，而学术不端是明知故犯、企图不劳而获或者少劳多获，使自己利益最大化。学术不端一般都会侵占他人的知识产权，触犯我国的《著作权法》等法律条文。学术失范是学术不端的一种常见形式，有时也会将二者的概念等同。

学术腐败，一般是指学者或其他人利用学术权力，为自己或他人谋求学术利益或其他利益。学术腐败主要表现在评奖评优、项目申报、职称评审、学位论文答辩、论文发表、著作出版等各种学术活动中以权谋私的行为。学术不端一般不涉及任何权力关系，而学术腐败一般是权力运作的产物，这是二者的本质区别所在。

三、 常见的学术不端行为

结合教育部《高等学校预防与处理学术不端行为办法》、（CY/T 118 - 2015）《学术出版规范 一般要求》、（CY/T174 - 2019）《学术出版规范 期刊学术不端行为界定标准》等文件的指导和要求，将常见的学术不端行为划分为以下 10 种类型：

（一） 剽窃、 抄袭、 侵占他人学术成果

剽窃、抄袭、侵占他人学术成果，主要是指直接将他人或者已经存在的思想、观点、数据、图像、研究方法、文字等内容，不加引注或说明，而作为自己的原创想法及作品；或者没有完整合适说明后直接发表。过度引用他人已经发表的文献信息内容也被视为剽窃。

剽窃、抄袭和侵占他人学术成果的形式多种多样，也是迄今为止最常见的学术不端行为。具体来说，剽窃观点（不改变本意转述他人观点或者直接使用他人已发表文章中的论点、观点结论却不加引用或备注等）、剽窃数据（直接使用或删改或添加或改变排列顺序他人已发表文章中的数据、事实等）、剽窃图像和视频（不加以引注或说明使用他人已发表文献中的图片、视频）、剽窃研究方法或实验方法、剽窃文字表述、整体大量剽窃、自我剽窃、剽窃未发表成果等，都是剽窃的具体表现形式。

需要指出的是，未经引用或注明，直接将某本书中的一段原话复制粘贴到自己的论文中，是一种公然的剽窃。例如，2009 年 3 月，浙江大学处理的"贺海波论文造假事件"，就是因为存在大量剽窃、抄袭他人成果的严重学术不端行为。

（二） 伪造或捏造

伪造或捏造，即伪造科研数据、资料、文献、注释，或者捏造事实、编造虚假的研究成果。

具体来说，伪造或捏造是指编造不以实际调查或实验取得的数据或图像、伪造无法通过重复实验再次取得的样品、伪造不符合实际的研究方法和结论、伪造为论文提供支撑的资料或参考文献、伪造相关出国的资助来源等。在提交有关个人学术情况报告时，不如实报告学术经历、学术成果，伪造专家鉴定、证书及其他学术能力证明材料等行为，例如，在申报课题、成果、奖励和职务评审评定、申请学位等过程中提供虚假学术信息，也属于伪造或捏造的学术不端行为。

捏造实验结果的数据，以得到更好的实验效果，其本质就是一种学术欺骗。例如，2018 年 10 月，清华大学撤销叶肖鑫博士学位，原因是叶肖鑫存在捏造实验结果、自我抄袭、图片重复利用等严重学术不端行为；中国社科院 2018 版《反腐倡廉蓝皮书：中国反腐倡廉建设报告》中写道：本科生伪造博士证书做博士后，出站后还当上了教授，这属

于伪造事实、文凭造假、私刻印章的学术不端行为。

（三）篡改他人研究成果

篡改是故意改变原本真实的数据和事实，使其失去真实性。篡改事实、数据的目的是获得"理想"的研究结果。例如，篡改原始调查或实验数据、挑选增删原始调查或实验数据、修改原始文字记录、拼接或增删不同图像等，使其本意发生改变。

例如，井冈山大学的钟华、刘涛通过"伪造或篡改数据""侵吞他人学术成果""未参加创作，在他人学术成果上署名""未经他人许可，不当使用他人署名"等学术不端行为，在国际学术期刊《晶体学报》上发表 70 余篇论文，后被该期刊追究，做出撤稿处理。

（四）署名不当

署名不当，即与对论文或著作等成果的实际贡献不相符。将对论文或成果涉及有实质性贡献的人排除在作者名单之外、将未对成果有实质性贡献的人列入作者名单、擅自在成果中加署他人姓名、虚假标注作者信息、作者排名不能准确反映实际贡献率等都属于署名不当的学术不端行为。署名不当，也体现在稿件修回过程中随意添加或删除作者，这种做法容易给编辑留下非常不好的印象。

教育部《高等学校预防与处理学术不端行为办法》明确规定，"未参加研究或创作而在研究成果、学术论文上署名，未经他人许可而不当使用他人署名，虚构合作者共同署名，或者多人共同完成研究而在成果中未注明他人工作、贡献"应当认定为构成学术不端行为。

造成署名不当的学术不端行为，主要是因为著作权观念不强。署名不当一般是由于作者著作权观念不强或权力和利益诱惑。例如，把对研究成果没有任何实际贡献的熟人、朋友（或许是某领导、某朋友或某导师等），或者是自己根本不认识的该领域国内外"大牛"等列为作者。例如，曾经有位中国研究者把一位陌生的国外研究人员（该研究领域内的"大牛"）列为作者。论文发表后，这位国外研究人员在 PubMed 搜索时发现自己多了 1 篇学术论文，但自己根本不认识该文章的其他作者。于是，他向该期刊杂志社举报，最后文章被撤稿。

需要注意的是，对于学术论文，作者在署名时，应注意第一作者和通信作者进行区别。通信作者一般是课题的总负责人，承担课题经费、设计，把关文章撰写，担负着论文可靠性的责任。第一作者仅代表作者是该文的主要参与者。因此，学术论文的成果是属于通信作者的，说明研究思路、研究过程等都属于通信作者，而不是第一作者。因此，通信作者对成果的贡献度不亚于第一作者。

（五） 一稿多投

一稿多投，顾名思义，是指同一文章投向了不同的出版单位。除二次转载、学术论文集等形式外，一稿多发则是同一篇文章被不同的出版社出版发表，即后文的"重复发表"。也有将"一稿多投"的概念定义为：同一作者或同一研究群体中的不同作者，在期刊编辑和审稿人或其他出版单位不知情的情况下，试图或已经在两种或多种刊物同时或相继投稿或发表内容相同、相近的学术论文。

业内部分学者将一稿多发和一稿多投的概念等同，但一稿多投不一定会造成一稿多发。实际上，一稿多投、一稿多发都属于学术不端行为。一稿多投的学术不端行为更为多见。

例如，将同一论文同时投给多个期刊社。文章投稿成功后，在约定或法定回复期内，将论文再次投给其他期刊社。未接到期刊社确认正式撤稿通知前，将稿件投给其他期刊。在不作任何说明的情况下，将已发表的论文原封不动或稍作修改后，再次投稿发表。

【实例4-1】　张三于2020年3月1日投稿到 *PLOS* 杂志，4月1日收到稿件录用通知并要求支付版面费。张三觉得论文写得不错，应该投向更好的、更符合征稿指南的期刊，于是4月8日又改投了 *Cell* 杂志。该作者应该采取（　　　）。

A. 为防止一稿多投、重复发表，说明清楚上述情况

B. 改投 *Cell* 杂志时附上 *PLOS* 杂志同意撤稿的官方邮件

C. 不予理会 *PLOS* 杂志

D. 改投 *Cell* 杂志时不作任何说明

【题解】　B。该作者如果未得到 *PLOS* 杂志的同意撤稿通知，那么该论文正常发表刊登在 *PLOS* 的情况不可避免。但在录用稿件确认收到后，该作者还将文章投到 *Cell* 杂志，属于一稿多投；*Cell* 在不知情的情况下录用发表的话，还会造成一稿多发。

【实例4-2】　"一中一洋"论文发表方式：在国外会议上发表的论文，翻译成中文在国内杂志上发表；发表在国内杂志上的论文，翻译成英文或其他语言在国外的杂志上发表。这种算是学术不端吗？

【题解】　这种就是明显的学术不端。只要两篇论文的研究内容基本相同，不管用何种语言、何种形式发表，都属于一稿多投、一稿多发。

但是也需要注意以下三种情形：① 在学术会议上做过口头的大会交流或以摘要或会议板报形式报道过的研究成果，但没有公开结集出版；② 对首次发表的学术论文研究内容充实了50%以上的数据；③ 学术会议或科学发现的简单新闻报道。这三种形式的学术论文之后被发表不属于一稿多投、一稿多发的学术不端范畴。

（六） 重复提交或重复发表

重复提交，表示的是用之前提交或发表的成果去满足其他课程、期刊或科研等方面的要求。这一概念也指"一稿多发"，国际上称为重复发表（repetitive publication）、多余发表（redundant publication）或自我剽窃（self-plagiarism）。

以下情况都属于重复提交：在论文中用已经发表成果中的观点，却不加以说明或引注，或将参考文献笼统地列在文后；文章已经被确认可以发表，再次投向其他发表单位；被允许二次发表，却不说明首次发表出处；多次重复使用 1 次调查结果、1 幅图像或 1 个实验结果却不加以说明；摘编多篇自己已发表论文中的部分内容，拼接成新的文章后发表；基于同一实验或研究的成果，每次补充少量数据或事实或资料，多次发表结论雷同的成果等。

例如，提交之前高中英语课写过的论文作为大学写作课的作业，这也属于重复提交；另外，将以前提交过的作业稍作修改再次提交也被视为重复提交。

【实例 4-3】 李四于 2020 年 3 月 5 日向《中华神经科杂志》投稿，3 月 22 日收到稿件的录用通知并要求支付论文发表的版面费。李四觉得自己的文章写得不错，想发在影响因子更高的期刊，又怕一稿多发，随即向中华神经科杂志社发去了撤稿申请，但《中华神经科杂志》没有给李四撤稿要求的官方回复意见。李四于同年的 4 月 5 日改投《中国神经精神疾病杂志》。最终会发生以下情况中的（　　　）。

A. 中华神经科杂志社和中国神经精神疾病杂志社都刊登（即重复发表）

B. 中华神经科杂志社最后予以撤稿

C. 中华神经科杂志社发出用稿通知

D. 中华神经科杂志社和中国神经精神疾病杂志社都未予采用，李四被列入学术不良记录名单

【题解】 ABCD。李四的投稿行为属于一稿多投、重复发表。

（七） 拆分发表

拆分发表，是基于同一项实验、调查或研究的成果拆分成为多篇其他的成果进行发表。因此，拆分发表破坏了研究的科学性、严谨性、连贯性和完整性。

（八） 成果买卖或由他人代写

成果买卖或由他人代写，主要是指在科学研究过程中，为获得学历学位、科研成果、评奖评优、职称申报等目的，采用金钱、权力等方式买卖成果、成果由他人代写或为他人代写成果。这种成果常以论文、著作等形式居多。

2018 年 7 月 10 日，教育部办公厅发布的《关于严厉查处高等学校学位论文买卖、代

写行为的通知》要求："增强责任意识，健全制度机制，强化学风建设，严格论文审查，严厉查处学位论文买卖，代写行为等作假行为。""严肃责任追究，对于出现学位论文代写、买卖行为的学位授予单位，视情节轻重核减招生计划、撤销或暂停相应学科专业授予学位资格；对相应的单位负责人问责；对履职不力、指导学生的指导老师，追究失职责任；对于参与购买、代写学位论文的学生，给予开除学籍处分；已获得学历学位证书的，依法撤销，被撤销的学历学位证书已注册的，报教育行政部门宣布无效。"

（九）违背研究伦理及学术伦理

违背研究伦理及学术伦理主要包括两方面。具体来说，违背研究伦理是指研究未按规定获得相应的伦理审批；研究超出伦理审批范围；研究存在伤害研究参与者、虐待有生命的实验对象；泄露了被试者或被调查者的个人隐私；涉及研究中的利益冲突等。

违背学术伦理，主要是指研究成果中涉及的研究未按照规定获得相应的机构许可；研究成果设计的研究存在不当伤害研究参与者、违背知情同意原则；研究成果泄露了违反保密法律法规或单位有关保密规定，或被调查者或实验对象的隐私；研究成果未按照法定或约定对所涉及研究中的利益问题进行有效说明。

例如，2018年11月26日报道的南方科技大学副教授贺建奎的基因编辑婴儿，该研究就属于违背研究伦理的学术不端行为。

（十）其他学术不端行为

其他学术不端行为主要包括两类，一类是审稿专家学术不端行为，另一类是编辑者学术不端行为。

审稿专家学术不端行为主要包括：违背学术道德的评审（如发现稿件的实际缺陷，依据作者国籍、性别等非学术因素但不做任何处理）；干扰评审程序（如故意拖延评审过程或以不当方式影响发表决定）、违反保密规定、违反利益冲突规定、盗用稿件内容、谋取不当利益等。

编辑者学术不端行为主要包括违背学术和伦理标准提出编辑意义、违反利益冲突规定、违反保密要求、盗用稿件原文、干扰评审、牟取不当利益等。

【实例4-4】 演员翟天临被北京电影学院撤销博士学位。2019年2月19日，北京电影学院官方微博发布"关于翟天临涉嫌学术不端等问题的调查进展情况说明（二）"，公布了对翟天临博士在读期间发表论文调查结果，确认其存在学术不端情况。因此撤销翟天临的博士学位，同时取消其导师陈浥的博士生导师资格。

【题解】 该案例中，北京电影学院展开调查，并由专家鉴定，认为翟天临存在较为突出的学术不规范、不严谨现象，存在学术不端行为。其导师陈浥未能认真履行学术道德和学术规范教育、论文指导和审查把关等职责。因此，北电决定撤销翟天临的博士学位，取消陈浥的博士研究生导师资格。

【实例4-5】 北京某大学教授陆骏，利用中国人姓名拼音的全称、简称及英文表述的不同（Lu Jun、Jun Lu、J Lu、Lu J）等几种形式，将三个不同作者 Jun Lu 等的科研成果、学位学历、工作履历等进行了剪切、复制、粘贴及"美颜"。进而，北京陆骏完美地将耶鲁大学卢俊的学术论文、多伦多大学 Lu Jun 的博士学位、美国默克公司 Lu Jun 的工作履历完美地集于一身，并于 39 岁时获得了"青年学者＊＊＊"的入选资格。然后在打假的硝烟战场中，陆教授的这些学术不端操作被揭发。

【题解】 该案例属于是具有国际范儿的学术不端行为，借用了中国人姓名拼音相同，将他人成果为自己所用。具体来说，他的学术不端行为包括：剽窃、抄袭、侵占他人学术成果，伪造或捏造、篡改他人研究成果等。

四、 学术不端行为的防范

防范学术不端行为，需要从源头上规范学术行为（具体参见本章第二节）。它包括五个方面：

第一，密切关注国家、地方、机构等对学术行为规范的法律条文，并认真落实、责任到位。例如，中共中央办公厅、国务院办公厅印发的《关于进一步加强科研诚信建设的若干意见》、教育部发布的《高等学校预防与处理学术不端行为与办法》、《教育部办公厅关于严厉查处高等学校学位论文买卖、代写行为的通知》。

第二，各高校、科研院所、出版发行部门等，必须建立健全学术期刊、学术成果的管理和预警制度。对于涉及学术不端行为的个人、机构等，实施一票否决制，一旦发现一票否决，绝不姑息。

第三，建立学术道德规范、净化学术氛围。

第四，合理引用和注释，避免学术不端。

第五，学术不端检测系统管理和应用。常见的学术不端检测系统有维普论文检测系统、CNKI 学术不端文献检测系统、万方文献相似性检测服务、Paper Pass、超星大雅相似度分析，具体访问站点在本章第二节介绍。这些学术不端检测系统面向的用户群体不一，主要分为机构用户、个人用户等。通过学术不端检测系统，一定程度上可以减少学术不端行为的发生。但是，不宜以学术不端系统检测的结果作为修改标准而进行多次检测、多次修改。同时，也应严格规范学术不端检测系统的使用频次。

第二节 学术规范

一、 学术规范的概念

学术规范，也称为学术道德规范，其概念有广义和狭义之分。

广义的学术规范，是指学术共同体内形成的学术活动基本规范，也可以指与学术发展规律有关的学术活动基本准则。因此，它涉及学术研究活动的全过程，包括学术研究规范、学术评审规范、学术管理规范、学术批评规范、学术出版规范等。

狭义的学术规范，倾向于学术出版规范，是指在学术论文、学术成果等撰写、投稿时避免学术不端行为发生的指南或工具。学术规范可以作为指导业内发现和处理不端行为的指导，同时也为科研院所、学术团体或机构、资助单位等判断相应学术不端行为提供参考的依据。

二、 学术规范的依据

为促进学术活动的规范，从国家到地方、从高校到科研院所、从学术管理部门到学术出版行业，都制定了与之相关的学术规范依据。

（一） 国家层面

《高等学校学术委员会规程》（教育部第 35 号令）于 2014 年 3 月 1 日起实施，要求"高等学校应充分发挥学术委员会在学科建设、学术评价、学术发展和学风建设等事项上的重要作用，完善学术管理的体制、制度和规范，积极探索教授治学的有效途径，尊重并支持学术委员会独立行使职权，并为学术委员会正常开展工作提供必要的条件保障""高等学校学术委员会应当遵循学术规律，尊重学术自由、学术平等，鼓励学术创新，促进学术发展和人才培养，提高学术质量；应当公平、公正、公开地履行职责，保障教师、科研人员和学生在教学、科研和学术事务管理中充分发挥主体作用，促进学校科学发展"。

教育部、中国科协、国务院办公厅等先后印发了一系列有关学术规范的官方文件。例如，教育部社会科学委员会发布的《高等学校哲学社会科学研究学术规范》（2004 年）明确了学术基本规范、学术引文规范、学术研究内容规范、成果发表规范和学术批评规范。《教育部关于加强学术道德建设的若干意见》（2002 年）、教育部社科委学风建设委员会出版的《高等人文社会科学学术规范指南》（2009 年）、《高等学校哲学社会科学研究学术规范（试行）》（2008 年）、《高校人文社会科学学术规范指南》（2009 年）、《教育部关于进一步改进高等学校哲学社会科学研究评价的意见》（2011 年）、中国科学技术协会印发的《科技工作者科学道德规范》（2009 年）等文件。

除此之外，中共中央办公厅、国务院办公厅印发《关于进一步加强科研诚信建设的若干意见》（2018 年）明确要求"完善科研诚信管理工作机制和责任体系、严惩学术论文买卖中介服务机构、坚持零容忍，建立终身追究制度"。

（二）行业层面

国家新闻出版署根据新闻出版领域行业标准制订工作安排，由全国新闻出版标准化技术委员会组织相关专家和单位承担，正式发布了 16 项行业标准，具体标准编号和名称包括：CY/T 170 – 2019《学术出版规范 表格》、CY/T 171 – 2019《学术出版规范 插图》、CY/T 172 – 2019《学术出版规范 图书出版流程管理》、CY/T 173 – 2019《学术出版规范 关键词编写规则》、CY/T 174 – 2019《学术出版规范 期刊学术不端行为界定》、CY/T 175 – 2019《辞书出版标准体系表》、CY/T 176 – 2019《数字图书阅读量统计》、CY/T 177 – 2019《报纸新媒体内容传播量统计》、CY/T 178 – 2019《出版物 AR 技术应用规范》、CY/T 179 – 2019《专业内容数字阅读技术 标准体系表》、CY/T 180 – 2019《专业内容数字阅读技术 阅读功能与标签》、CY/T 181 – 2019《专业内容数字阅读技术 产品封装》、CY/T 182 – 2019《专业内容数字阅读技术 多窗口数据通讯》、CY/T 183.1 – 2019《有声读物 第 1 部分：录音制作》、CY/T 183.2 – 2019《有声读物 第 2 部分：发布平台》、CY/T 183.3 – 2019《有声读物 第 3 部分：质量要求与评测》。以上 16 项标准是学术出版规范行业标准，从 2019 年 7 月 1 日开始正式实施。

《学术出版规范 期刊学术不端行为界定》起草组长单位为同方知网数字出版技术股份有限公司，其主要内容包括术语和定义、论文作者学术不端行为类型、审稿专家学术不端行为类型、编辑者学术不端行为类型等，适用于学术期刊论文出版过程中各类学术不端行为的判断和处理，其他学术出版物亦可参照使用。本章节有关学术规范、学术不端等知识点概念重点参考了该标准的内容。

（三）地方层面

地方层面主要是指各个高校、科研院所等机构，即根据国家及行业等相关政策、条例、标准等，各个高校、科研院所等机构先后成立了相关的学术委员会，起草了学术委员会章程等用以规范本单位的学术活动。

例如，江南大学学术委员会（http：//ac. jiangnan. edu. cn/gzzd. htm）制定了学术规

范的相关规章制度，提供学术不端举报专栏，将《江南大学学风建设实施细则》《江南大学学术不端行为调查处理办法》《江南大学学术规范》《江南大学学术委员会章程》发布在相应网站上。《中国民航大学学术委员会章程》（https：//www. cauc. edu. cn/xxgk/297. html）适用于学术规范的制度等。复旦大学印发的《复旦大学学术规范（试行）》、中南财经政法大学印发的《中南财经政法大学学术不端行为查处细则》（http：//xagx. zuel. edu. cn/2018/0725/c7063a197315/page. htm）、湖南农业大学印发的《湖南农业大学预防与处理学术不端行为实施办法（试行）》（http；//yjsy. hunau. edu. cn/xwgz/wjzd_1461/201905/t20190530_ 268280. html）等。

三、 学术规范的途径

有关学术规范的途径与上文提及的学术不端行为的防范有相似之处。

（一） 建立健全学术出版管理和预警制度

随着学术规范的进一步深入，我国也在逐步建立和健全学术出版管理和预警制度。这在一定程度上规范了学术期刊和学术著作的管理规范，提高了审核把关力度，制止了虚假审稿意见操作同行评议和网络途径的第三方论文买卖、隐瞒身份申报基金项目等学术不端行为。

中共中央办公厅、国务院办公厅印发的《关于进一步加强科研诚信建设的若干意见》要求"建立健全学术期刊管理和预警制度"，加强高水平学术期刊建设，强化学术水平和社会效益优先要求，学术期刊应充分发挥在科研诚信建设中的作用，切实提高审稿质量，加强对学术论文的审核把关。该意见还要求建立学术期刊预警机制，支持相关机构发布国内和国际学术期刊预警名单，实行动态跟踪、及时调整。论文作者所在单位应加强对本单位科研人员发表论文的管理，对在列入预警名单中的学术期刊上发表论文的科研人员，要及时警示提醒；对在列入黑名单的学术期刊上发表的论文，在各类评审评价中不予认可，不得报销论文发表的相关费用。

（二） 建立健全学术道德规范

在各类学术活动中，严格遵守国家有关法律、法规和学术规范；在各类国际学术活动中，严格遵守相应的国际规范和惯例。从事科学研究过程中，严格遵守《著作权法》《专利法》《科技工作者科学道德规范》等国家法律、法规、社会公德及学术道德规范。科研工作者应遵守学术界已有的公认学术道德规范、恪尽职守。

（三） 实施 "一票否决制"

学术规范的"一票否决制"，即在对违反国家、国际等法律、法规及学术道德规范的行为应实施一票否决。具体来说，对于剽窃、伪造、篡改等情节严重的学术不端行为和现象，坚决实施一票否决，如取消相应的学位论文授予、职称晋升及评奖评优资格。对违反学术规范的行为，实施"一票否决制"对于存在利益关系的个人和团体具有一定程度的震慑和警示作用。

（四） 重视参考文献的合理引用和科学著录

参考文献著录是衡量科研成果、出版机构水平、期刊质量的重要标志，也是学术期刊审稿时的评价标准之一。参考文献引用数量、著录规范也是国际上评价"学术期刊"学术水平的重要指标。重视参考文献的合理引用和正确著录有利于梳理前人研究的相关工作，说明研究背景、依据等；避免重复论述已有方法、结果和结论等。合理引用和正确著录，可以表明作者的治学态度、对前人劳动成果的尊重，有利于学术规范。

（五） 实施学术不端系统检测

学术不端系统检测是采用学术不端检测系统，一般是针对学位论文、期刊论文等成果，实现对其抄袭、剽窃、伪造、篡改等学术不端行为的快速检测。这种检测系统一般可以实现篇章、段落、句子的各层级检测；支持文章改写、多篇文献组合等各种变形检测；支持论文、专著等信息类型的学术不端检测。

目前，比较常用的学术不端检测系统有维普论文检测系统（http：//vpcs. cqvip. com/）、CNKI 学术不端文献检测系统（https：//check. cnki. net/）、万方文献相似性检测服务（http：//check. wanfangdata. com. cn/）、PaperPass 论文查重（https：//www. paperpass. com/）、超星大雅相似度分析（http：//dsa. dayainfo. com/）等。第一节提及的学术不端检测系统应注意使用频次，且不宜仅以系统检测结果作为修改标准，应从源头规范学术行为。

第三节　参考文献的引用与方法

一、 常见的参考文献著录规则

（一） 参考文献的作用与意义

参考文献是对某一信息资源或其中一部分准确、详细著录数据，常位于文末或文中的信息源。规范参考文献著录，有利于避免学术不端、学术伦理等行为的发生。

科研的创新在于继承前人及他人成果基础上，再进一步发展、完成和提高。因此，每一项新的科研成果，必然与前人、他人有着千丝万缕的联系。而这一切的实现离不开参考文献，它实现了科研的继承性，揭示了科学知识之间内在脉络的网络性，记录与展示在科研成果中。

参考文献是科技论文不可或缺的重要组成部分，文后著录参考文献体现了科学的继承性，用来佐证文中观点和内容；同时，为文献阅读者、科研工作者追溯相关问题提供线索。科技论文的参考文献成为文献计量研究素材及各种科学引文索引的重要依据，如SCIE、SSCI、A&HCI、CSCD、CSSCI 等。

有关参考文献著录规则的标准化问题，关系学术规范，也关系出版物质量，且与出版物的影响因子、影响力等密切关联。因此，参考文献著录标准一直是出版编辑界、图情界等专家、学者所关注的问题之一。

（二）常见的参考文献著录格式

APA、MLA 和 GB/T 7714 – 2015 是目前学术搜索引擎自动生成参考文献功能中常用的三种参考文献著录格式（图4-1）。

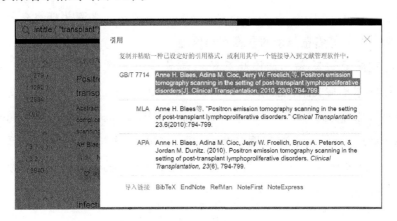

图4-1　学术搜索引擎自动生成参考文献格式

1. APA（American Psychological Association）

APA 格式，起源于 1929 年，最初是美国心理学会（American Psychological Association）出版的《美国心理协会出版发表手册》。从国际联机检索导出引文数据格式显示可知，APA 现已出版第 6 版（图4-2）。

APA 是一个被广泛接受的参考文献著录的撰写格式，特别是针对社会科学领域的研究。它规范了论文的写作格式、参考文献的撰写方法、学术文献的引用，以及图表、注脚和附录等的编排方式，具有严谨性和科学性。目前，APA 主要适用于心理学、社会科学、工商管理、教育学等学科领域。

APA 格式对文中参考文献和文后参考文献的著录规则有具体、详细的要求，明确规定参考文献著录格式：作者－年制。例如，Young, J. B. （1991）. Crisis in cataloging revisited：The year's work in subject analysis，1990. *Library Resources &Technical Service*，35（18），265. 该文献采用了 APA 格式进行著录。

Young, J. B. (1991). Crisis in cataloging revisited: The year's work in subject analysis, 1990. *Library Resources & Technical Services, 35*, p265(18). Retrieved from http://dialog.proquest.com/professional/docview/1045673515?accountid=157077

图 4-2　国际联机 PQD 自动生成 APA 格式参考文献

APA 文中的参考文献著录格式：作者－年代（作者姓氏，出版年）. 文后的参考文献著录格式：作者姓氏，名的首字母大写. （出版年）. 论文题目. 刊名，卷（期），页码. 各作者用逗号","间隔，最后一个作者前用 & 隔开。

【实例 4-6】　Begeny, J. C. , Wang, J. , Hida, R. M. , Oluokun, H. O. , Jones, R. A 等人撰写了 A global examination of peer-reviewed, scholarly journal outlets devoted to school and educational psychology 一文，发表在 2019 年 SCHOOL PSYCHOLOGY INTERNATIONAL 期刊的第 40 卷第 6 期的 547－580 页。

【题解】　APA 文后参考文献著录格式：Begeny, J. C. , Wang, J. , Hida, R. M. , Oluokun, H. O. , & Jones, R. A. （2019）. A global examination of peer-reviewed, scholarly journal outlets devoted to school and educational psychology. *SCHOOL PSYCHOLOGY INTERNATIONAL*，40（6），547－580.

2. MLA（Modern Language Association）

MLA 是美国现代语言协会制定的论文指导格式。MLA 是一种常用的引用格式，在一般书写英语论文时使用 MLA 格式来保证学术著作的完整性。

MLA 为支持和推荐学术著作原稿、学位论文的规范，被学术刊物、高校、科研院所等师生和科研工作者广泛采用的学术出版规范。目前，MLA 已经出版第 7 版，主要介绍学术著作和论文出版过程及写作格式，包括学术著作出版、学术著作和论文撰写规范要求、论文出版及写作格式等。

具体来说，MLA 包括：学术论著的出版流程；学术出版的相关法律问题及其处理方法；学术论著写作的技术性细节；学术论著原稿的格式要求、论文的写作步骤和格式要求；编制参考文献目录格式、引用参考文献方法；缩略语用法、格式。

MLA 参考文献的著录格式：作者. "文章标题. 出版物名称." 期（年份）：页码。两个以上的作者（不含两个作者）均用 et al 著录，不再著录作者姓名。

例如：李玉皎．"精神分裂症住院患者家属的心理健康状况及护理干预措施．"*中国社区医师*34.16（2018）：158 –159.

Begeny，John C．，et al. "A Global Examination of Peer – Reviewed，Scholarly Journal Outlets Devoted to School and Educational Psychology." *SCHOOL PSYCHOLOGY INTERNATIONAL* 40.6（2019）：547 –80.

Xiong，Zhuang，et al. "EWAS Data Hub：A Resource of DNA Methylation Array Data and Metadata." *Nucleic acids research* 48（2020）：D890 –5.

3. GB/T 7714 –2015 信息与文献 参考文献著录规则

GB/T 7714 –2015 是由我国国家质量监督检验检疫总局、国家标准化管理委员会于2015 年 5 月 15 日发布、2015 年 12 月 1 日正式实施的、用于文后参考文献著录的国家推荐标准。该标准规定了各个学科、各种类型信息资源的参考文献著录项目、著录顺序、著录用符号、著录用文字、各个著录项目的著录方法，以及参考文献在文中的标准法。

二、 GB/T 7714 –2015 参考文献的著录规范

结合国家标准（GB/T 7714 –2015）《信息与文献 参考文献著录规则》，按照专著、专著中的析出文献、连续出版物、连续出版物中的析出文献、专利文献及电子资源几种类别，对参考文献著录规范进行逐一重点介绍。

（一） 专著

专著（monograph），是以单行本或多卷册（在限定的期限内出齐）形式出版的印刷型或非印刷型出版物，包括普通图书、古籍、学位论文、会议论文集、标准、报告、多卷书、丛书等。专著，通常是某一学科，或者围绕某一专门课题或某一主题进行较为集中论述的著作，因此，它需要对特定问题进行详细、系统的研究。

1. 专著的著录项目

反映专著的信息特征内容基本都可以作为专著的著录项目。专著的著录项目有主要责任者、题名项（包括题名、其他题名信息、文献类型标识），其他责任者、版本项、出版项（包括出版地、出版者、出版年）、引文页码、引用日期、获取和访问路径（数字资源必备）、数字对象唯一标识符（数字资源必备）。其中，数字对象唯一标识符是对数字资源的全球唯一永久性标识符，具有对信息资源永久命名标志、动态解析链接的特性。

2. 专著的著录格式

根据（GB/T 7714 –2015）《信息与文献 参考文献著录规则》要求，专著的著录格式为：

主要责任者．题名：其他题名信息［文献类型标识/文献载体标识］．其他责任者．版本项．出版地：出版者，出版年：引文页码［引用日期］．获取和访问路径．数字对象唯一识别符．。

用于表示专著的文献类型和表示代码有6种，如表4-1所示。

表4-1 专著中常出现的文献标识代码

文献类型	标识代码	文献/载体类型	标识代码
普通图书	M	会议录	C
学位论文	D	标准	S
档案	A	联机网络	OL

【实例4-7】 常见专著参考文献著录实例如下：

［1］李思圆．生活需要节奏感［M］．天津：天津人民出版社，2019：35-41．

［2］理查德·怀曼斯．正能量［M］．李磊，译．长沙：湖南文艺出版社，2012：49-55．

［3］中国国家标准化管理委员会．信息与文献参考文献著录规则：3 术语与定义［S］．北京：中国标准出版社，2015：12．

［4］杨艳岭．相对论性费米子的自旋相关量子输运研究［D］．北京：北京科技大学，2019．

［5］中国第一历史档案馆，辽宁档案馆．中国明朝档案总汇［A］．桂林：广西师范大学出版社，2001．

［6］雷春光．综合湿地管理：综合湿地管理国际研讨会论文集［C］．北京：海洋出版社，2012．

［7］焦凤瑀．压电和压电半导体层状结构中弹性波传播研究［D/OL］．北京：北京科技大学，2019［2019-02-20］．http：//kns．cnki．net/KCMS/detail/detail．aspx？dbcode = CDFD&dbname = CDFDTEMP&filename = 1019009742．nh&v = MDgyOTBiSXJaRWJQSVl4ZVgxTHV4WVM3RGgxVDNxVHJXTTFGGckNVUkxPZlplUnZGQ3JoVnJJ2TlZGMjZGGN080Rjk = ．

［8］中国造纸学会．中国造纸年鉴：2003［M/OL］．北京：中国轻工业出版社，2003［2019-02-20］．http：//www．cadal．zju．edu．cn/book/view/25010080．

（二）常见专著类型及著录

1. 普通图书

（1）定义及特点

图书是用文字、图画或其他信息符号，手写或印刷于纸张等载体上，同时具有相当篇幅来表达思想，并且制成卷册的著作物。联合国教科文组织将"图书"定义为"由出版社（商）出版的不包括封面和封底在内49页以上的印刷品，具有特定的书名和著者名，编有国际标准书号（ISBN号码），有定价并取得了版权保护的出版物"。图书与其他出版物相比，具有内容全面系统、论点成熟可靠的特点，但出版周期较长，因而传递速度较慢。

普通图书一般以印刷形态呈现，以数字形态呈现的一般称之为电子图书。电子图书是在纸质图书的基础上，以数字形式制作、出版、存取和使用的图书。电子图书具有传统印刷型图书的相同特点，但作为一种新形式书籍，又具有自己独有的特点。它必须借助计算机等设备读取并通过屏幕显示出来，可利用图文声像结合的优点，有更大的信息量，可以检索和复制，更有利于提高图书资料的利用率。

（2）著录信息特征

图书信息特征通过著录格式来反映，一般出现在封面（图4-3）、封底、书名页、版权页（图4-4）等位置，可以获得书名、责任者、出版机构、出版地、出版社、图书在版编目（CIP）数据、国际标准书号、出版年、出版社详情、分类号等信息。

图书在版编目(CIP)数据

信息检索与利用 / 刘敏主编. — 镇江：江苏大学出版社, 2019.6
ISBN 978-7-5684-1109-7

Ⅰ.①信… Ⅱ.①刘… Ⅲ.①信息检索-高等学校-教材 Ⅳ.①G254.9

中国版本图书馆CIP数据核字(2019)第097694号

信息检索与利用
Xinxi Jiansuo yu Liyong

| 主　　编 | 刘 敏 |
| 责任编辑 | 徐 妍 |

出版发行 江苏大学出版社
地　址 江苏省镇江市梦溪园巷30号(邮编：212003)
电　话 0511-84446464(办公)
网　址 http://press.ujs.edu.cn
排　版 镇江市江东印刷有限责任公司
印　刷 江苏凤凰数码印务有限公司
开　本 787 mm×1 092 mm　1/16
印　张 19
字　数 372千字
版　次 2019年6月第1版　2019年6月第1次印刷
书　号 ISBN 978-7-5684-1109-7
定　价 59.00元

如有印装质量问题请与本社营销部联系(电话：0511-85106892)

图 4-3　图书的封面　　　　　　图 4-4　图书的版权页

封面上有书名、责任者、出版单位等信息，书名页有书名、责任者、出版地、出版社等信息，版权页有图书在版编目（CIP）数据，有图书书名、责任者、出版地、出版社、出版年、国际标准书号（ISBN）、分类号、出版社详情等信息，封底页有国际标准书号（ISBN）等信息。其中，ISBN 号是书目数据中唯一识别出版物的国际通用代码，用于唯一标识图书版权所有，具有唯一性和标准性。ISBN 有 10 位和 13 位之分（2007 年开始由 13 位数字组成）。13 位 ISBN 号码包括五部分：前缀号、组区号（含国家、地区和语言代码）、出版者号、书序号和校验码。

图书分类法，是将图书按照学科属性、内容、体裁和用途等，分门别类地组成体系的方法。目前，我国主要的分类法有《中国图书馆分类法》《中科院图书馆分类法》《中国人民大学图书馆分类法》。

索书号，又称为排架号，用来代表每种图书在图书馆整个藏书体系中所特有位置的号码。索书号一般记录在书脊下方标签上，可以分为分类索书号和固定排架索书号。

（3）著录格式

普通图书的引用参照专著的引用著录格式。因此，普通图书按照专著著录格式要求，可以著录为：

主要责任者．图书书名：其他书名信息［M］．其他责任者．版本项．出版地：出版者，出版年：引用页码．

或者：

主要责任者．图书书名：其他书名信息［M/OL］．其他责任者．版本项．出版地：出版者，出版年：引用页码［引用日期］．获取和访问路径．数字对象唯一识别符．

若无其他书名信息、版本项、其他责任者、非网络途径获取等信息，可以不著录。

图书的著录格式反映其形式特征，常见用于反映图书形式特征的信息有书名、责任者、出版项、出版年、出版地等信息。图书的著录格式通常是以参考文献的方式呈现。图书著录可以标识到具体页码。图书著录时，当主要责任者含有三个以上时，只著录前三个责任者并用逗号隔开，其他的用"等"代替，英文用"et al"代替。

【实例4-8】　朱汉民．岳麓书院［M］．长沙：湖南大学出版社，2011.

该参考文献表示：2011 年岳麓书院出版了朱汉民撰写的《岳麓书院》。

【实例4-9】　易富贤．大国空巢［M/OL］．北京：中国发展出版社，2013［2020 - 01 - 14］．http：//product. dangdang. com/1581836737. html.

【题解】　图书信息如果是通过网络平台获取的，还需要提供获取的链接地址、引用时的访问日期，并采用 OL（联机网络）标识。如［M/OL］为图书且通过网络途径获取；［2020 - 01 - 14］为引用访问日期，提供了该图书信息的获取网址。

2. 会议录

会议录通常是以印刷或非印刷形式出版发行，同时载有会议名称、会议召开届次、会议的开会地址及开会日期。会议录也称为会议信息、会议论文等，它表示会议上宣读的论文，或者是向大会提交的论文，或者是论文摘要。会议论文，一般是各种学术会议等场合首次宣读、交流或发表的论文、报告或参考有关资料编辑出版的信息。

会议录的著录格式参照专著进行。因此，会议录按照专著著录格式要求，可以著录为：

主要责任者．会议论文集名：其他会议名信息［C］．其他责任者．出版地：出版社，出版年：引用页码．

或者：

主要责任者．会议论文集名：其他会议名信息［C/OL］．其他责任者．出版地：出版社，出版年：引用页码［引用日期］．获取和访问路径．数字对象唯一识别符．。

如果没有其他会议名信息、其他责任者、非网络途径获取等信息，可以不著录。会议录著录时，当主要责任者超过三个以上，则只著录前三个责任者，且责任者之间用逗号隔开，其他责任者用"等"代替，英文用"et al"代替。

【实例4-10】 雷光春．综合湿地管理：综合湿地管理国际研讨会论文集［C］．北京：海洋出版社，2012.

【题解】 会议论文集专指会议论文结成的文集，出版者与出版年之间用逗号。该实例将这本论文集当成一个整体著录的情况。C表示文献标识为会议录。

【实例4-11】 中国社会科学院考研研究所．里耶古城·秦简与秦文化研究：中国里耶古城·秦简与秦文化国际学术研讨会论文集［C/OL］．北京：科学出版社，2009［2019－02－20］．http：//product.dangdang.com/1212432115.html.

【题解】 会议录通过网络平台获取，提供了会议录获取的链接地址、访问日期，并采用OL（联机网络）标识。［C/OL］表示会议录且通过网络途径获取；［2019－02－20］为引用的访问日期，提供了该会议录的获取网址。

3. 学位论文

学位论文是高等院校或科研院所的学生为获得学位，在导师指导下撰写完成的研究报告或科学论文。一般来说，学位论文的文后附有大量的参考文献。学位论文的封面、目录页、参考文献等（图4-5、图4-6、图4-7）是学位论文的重要组成部分。

图 4-5 学位论文封面　　　　　　　　　**图 4-6 学位论文目录页**

北京科技大学博士学位论文

参考文献

[1] Qin Q H. Advanced Mechanics of Piezoelectricity: 压电材料高等力学[M]. 北京: 高等教育出版社, 2012,8.

[2] Priya S, Islam R, Dong S, et al. Recent advancements in magnetoelectric particulate and laminate composites[J]. Journal of Electroceramics, 2007, 19(1): 149-166.

[3] Wang Z L, Song J. Piezoelectric nanogenerators based on zinc oxide nanowire arrays[J]. Science, 2006, 312(5771): 242-246.

[4] Lao C S, Kuang Q, Wang Z L, et al. Polymer functionalized piezoelectric-FET as humidity/chemical nanosensors[J]. Applied Physics Letters, 2007, 90(26): 262107.

[5] Tanner S M, Gray J M, Rogers C T, et al. High-Q GaN nanowire resonators and oscillators[J]. Applied Physics Letters, 2007, 91(20): 203117.

[6] Kogan S M. Piezoelectric effect during inhomogeneous deformation and acoustic scattering of carriers in crystals[J]. Soviet Physics-Solid State, 1964, 5(10): 2069-2070.

[7] Maranganti R, Sharma N D, Sharma P. Electromechanical coupling in nonpiezoelectric materials due to nanoscale nonlocal size effects: Green's function solutions and embedded inclusions[J]. Physical Review B, 2006, 74(1): 014110.

[8] Auld B A. Acoustic fields and waves in solids[M]. Wiley, New York, 1973.

[9] Hutson A R, White D L. Elastic wave propagation in piezoelectric semiconductors[J]. Journal of Applied Physics, 1962, 33(1): 40-47.

[10] Nasedkin A. New model for piezoelectric porous medium with application to analysis of ultrasonic piezoelectric transducers[C]//Proceedings of the 7th Euromech Solid Mechanics Conference, Lisbon, Portugal, 2009.

[11] Iovane G, Nasedkin A V. Modal analysis of piezoelectric bodies with voids. I. Mathematical approaches[J]. Applied Mathematical Modelling, 2010, 34(1): 60-71.

[12] Iovane G, Nasedkin A V. Modal analysis of piezoelectric bodies with voids. II. Finite element simulation[J]. Applied Mathematical Modelling, 2010, 34(1): 47-59.

[13] 张福学. 现代压电学[M]. 北京: 科学出版社, 2002.

[14] Alshits V I, Darinskii A N, Shuvalov A L. Theory of reflection of acoustoelectric waves in semi-infinite piezoelectric medium. 1. Metallized surface[J]. Kristallografiya, 1989, 34(6): 1340-1348.

· 89 ·

图 4-7 学位论文参考文献

学位论文的著录格式参照专著进行。因此，学位论文按照专著著录格式要求，可以著录为：

学位论文作者．学位论文标题［D］．学位论文授予地：学位论文授予单位，学位论

111

文授予年份：页码.

或者：

学位论文作者．学位论文标题［D/OL］．学位论文授予地：学位论文授予单位，学位论文授予年份：页码［引用日期］．获取和访问路径．数字对象唯一识别符．

【实例 4-12】 参考引用一篇学位论文详情：学位授予单位是华中科技大学，作者为孙虎，学位论文标题为“RFID 超高频天线环境适应性研究及应用”，学位授予年份为 2018 年。参考引用该学位论文第 10 页。如何著录该参考文献?

【题解】 孙虎．RFID 超高频天线环境适应性研究及应用［D］．武汉：华中科技大学，2018：10.

【实例 4-13】 杨艳岭．相对论性费米子的自旋相关量子输运研究［D/OL］．北京：北京科技大学，2019［2019－02－22］．http：//kns. cnki. net/KCMS/detail/detail. aspx? dbcode = CDFD&dbname = CDFDTEMP&filename.

【题解】 该学位论文信息著录了引用时间和访问路径。

4. 标准

标准，也称为标准文献、标准信息。它是由技术标准、管理标准，以及在标准化过程中产生的具有标准效力的类似文件所组成的一种特定形式的技术文献体系。一般来说，标准信息具有一定的法律约束力，部分标准还可能是早些年的最新专利，在行业内形成了规范性标准（图 4-8）。

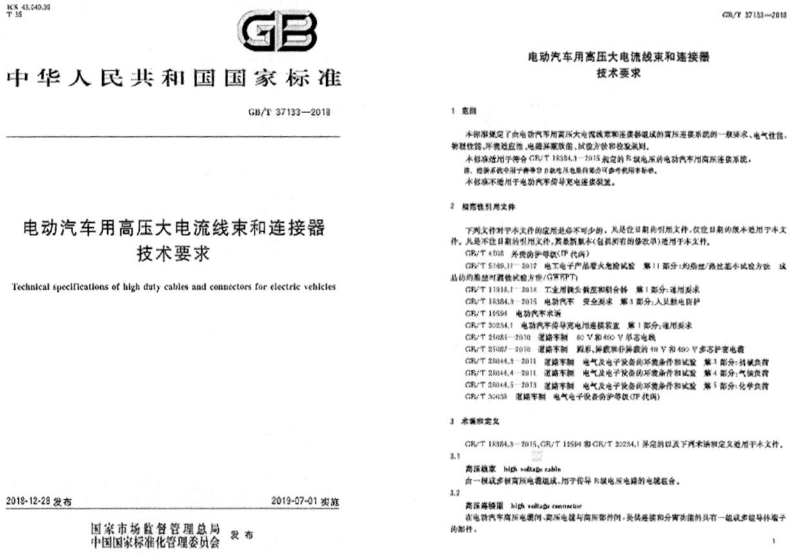

ICS 43.040.99
T 35

GB

中华人民共和国国家标准

GB/T 37133—2018

电动汽车用高压大电流线束和连接器技术要求

Technical specifications of high duty cables and connectors for electric vehicles

2018-12-28 发布　　2019-07-01 实施

国家市场监督管理总局
中国国家标准化管理委员会　发布

GB/T 37133—2018

电动汽车用高压大电流线束和连接器
技术要求

1　范围

本标准规定了由电动汽车用高压大电流线束和连接器组成的高压连接系统的一般要求、电气性能、机械性能、环境适应性、电磁屏蔽效能、试验方法和检验规则。

本标准适用于符合 GB/T 18384.3—2015 规定的 B 级电压的电动汽车用高压连接系统。

注：连接系统中用于非B级电压电路的部分可参考使用本标准。

本标准不适用于电动汽车传导充电连接装置。

2　规范性引用文件

下列文件对于本文件的应用是必不可少的。凡是注日期的引用文件，仅注日期的版本适用于本文件。凡是不注日期的引用文件，其最新版本（包括所有的修改单）适用于本文件。

GB/T 4208　外壳防护等级（IP 代码）

GB/T 5169.11—2017　电工电子产品着火危险试验　第 11 部分：灼热丝/热丝基本试验方法　成品的灼热丝可燃性试验方法（GWEPT）

GB/T 11918.1—2014　工业用插头插座和耦合器　第 1 部分：通用要求

GB/T 18384.3—2015　电动汽车　安全要求　第 3 部分：人员触电防护

GB/T 19596　电动汽车术语

GB/T 20234.1　电动汽车传导充电用连接装置　第 1 部分：通用要求

GB/T 25085—2010　道路车辆　60 V 和 600 V 单芯电线

GB/T 25087—2010　道路车辆　圆形、屏蔽和非屏蔽的 60 V 和 600 V 多芯护套电缆

GB/T 28046.3—2011　道路车辆　电气及电子设备的环境条件和试验　第 3 部分：机械负荷

GB/T 28046.4—2011　道路车辆　电气及电子设备的环境条件和试验　第 4 部分：气候负荷

GB/T 28046.5—2013　道路车辆　电气及电子设备的环境条件和试验　第 5 部分：化学负荷

GB/T 30038　道路车辆　电气电子设备防护等级（IP 代码）

3　术语和定义

GB/T 18384.3—2015、GB/T 19596 和 GB/T 20234.1 界定的以及下列术语和定义适用于本文件。

3.1

高压线束　high voltage cable

由一根或多根高压电缆组成，用于传导 B 级电压电路的电缆组合。

3.2

高压连接器　high voltage connector

在电动汽车高压电缆间、高压电缆与高压部件间，提供连接和分离功能的具有一组或多组导体端子的部件。

1

图 4-8　标准全文示例

标准的著录格式参照专著进行。因此，标准按照专著著录格式要求，可以著录为：

标准发布单位. 标准名称：标准号 ［S］. 出版地：出版单位，出版年：页码.

或者：

标准发布单位. 标准名称：标准号 ［S/OL］. 出版地：出版单位，出版年：页码 ［引用日期］. 获取和访问路径. 数字对象唯一识别符.

参考引用标准信息的具体章节内容时，可以进一步明确标准具体章节内容和页码。

【实例4-14】 中国国家标准化管理委员会. 信息与文献参考文献著录规则：3 术语和界定：GB/T 7714 –2015 ［S］. 北京：全国信息与文献标准技术委员会，2015：1.

【题解】 著录标准的具体章节内容和页码。

【实例4-15】 国家环境保护局科技标准司. 土壤环境质量标准：GB 15616 –1995 ［S/OL］. 北京：中国标准出版社，1996：2 – 3 ［2019 – 02 – 21］. http：// wenku. baidu. com/view/b950a34b767f5acfa1c7cd49. html.

【题解】 该标准信息著录了引用时间和访问路径。

5. 档案

《中华人民共和国档案法》对档案有权威定义：档案是指过去和现在的国家机构、社会组织以及个人从事政治、军事、经济、科学、技术、文化、宗教等活动直接形成的对国家和社会有保存价值的各种文字、图表、声像等不同形式的原始记录。因此，档案属于原始记录，具有社会性、保密性、对保存有特殊要求等特点。档案根据不同的属性，划分类别较多。

根据出发点和角度不同，档案可以分为法规型、辞书型、专著型、教科书型、论文型等。根据档案形成来源不同，档案可以分为国家机关、党组织、企业、事业单位、名人档案等。根据档案的性质，档案可以分为立法档案、行政档案、军史档案、经济档案、艺术档案等。根据载体形式，档案可以分为石刻档案、甲骨文档案纸质档案、电影档案、磁带档案、羊皮纸档案等。根据内容和形式，档案可以分为音乐档案、诉讼档案、审计档案、人事档案等。根据档案所有制形式，档案可以分为国有档案、集体档案、个人档案等。

档案的著录格式参照专著，可以著录为：

档案发布单位. 档案名称 ［A］. 出版地：出版单位，出版年：页码.

或者：

档案发布单位. 档案名称 ［A/OL］. 出版地：出版单位，出版年：页码 ［引用日期］. 获取和访问路径. 数字对象唯一识别符.

【实例4-16】 中国第一历史档案馆，文化部恭王府管理中心. 清宫恭王府档案总汇

［A］．北京：国家图书馆出版社，2009．

【题解】 该专著属于档案信息，按照档案信息进行著录。

【实例4-17】 中央电视台．探索发现：世界遗产之中国档案［A/OL］．北京：中国青年出版社，2004［2019-02-22］．http：//product. dangdang. com/23302892. html.

【题解】 该档案信息著录了引用时间和访问路径。

（三） **专著中的析出文献**

专著中的析出文献，是将专著中的一部分内容分析出来，单独作为一个著录单位进行著录，即将整个专著中析出的具有独立篇名的文献。

1. 著录项目

专著中的析出文献著录项目包括析出文献主要责任者、析出文献的题名项（包括析出文献题名、文献类型标识）、析出文献其他责任者（任选）、出处项（包括专著主要责任者、专著题名、其他题名信息）、版本项、出版项（包括出版地、出版者、出版年、析出文献的页码、引用日期）、获取和访问路径（数字资源必备）、数字对象唯一标识符（数字资源必备）。

2. 著录格式

专著中的析出文献主要出现在普通图书、会议论文集等专著析出文献著录中。其著录格式为：

析出文献主要责任者．析出文献题名［文献类型标识/文献载体标识］．析出文献其他责任者//专著主要责任者．专著题名：其他题名信息．版本项．出版地：出版者，出版年：析出文献的页码［引用日期］．获取和访问路径．数字对象唯一识别符．

如果没有其他题名信息、其他责任者、非网络途径获取等信息，可以省略著录。责任者超过三个时，只著录前三个责任者，且责任者之间用逗号隔开，然后用"等"代替，英文用"et al"代替。

【实例4-18】 周易外传：卷5［M］//王夫之．船山全书：第6册．长沙：岳麓书院，2011：1109.

【题解】 普通图书析出文献的著录实例，该普通图书属于多卷书。

【实例4-19】 贾冬琴，柯平．面向数字素养的高校图书馆数字服务体系研究［C］//中国图书馆学会．中国图书馆学会年会论文集，2011年卷．北京：国家图书馆出版社，2011：45-52.

【题解】 会议录中析出文献的著录实例，该会议录中收录了多篇会议论文。

【实例4-20】 ROBERSON J A, BURNESON E G. Drinking water standards, regulations and goals ［M/OL］//American Water Works Association. Water quality & treatment：a hand-book on drinking water. 6th ed. New York：McGraw – Hill，2011：1. 1 – 1. 36 ［2012 – 12 – 10］. http：//libmylibrary. com/Open. aspx？id = 291430.

【题解】 普通图书且为电子图书的析出文献，该析出文献著录了引用时间和访问路径。

（四）连续出版物

连续出版物，通常含有统一的题名，载有年卷期号或年月日顺序号，并且计划无期限地连续出版发行的印刷型或非印刷型的出版物。

连续出版物包括期刊、报纸、年度出版物（年鉴、年刊等）、成系列的报告、学会会刊等。也有将连续出版的会议录、专著丛书看成是一种连续出版物，但不包括在预定期限内，以连续分册形式发行的丛书、多卷书。

1. 连续出版物的著录项目

连续出版物的著录项目主要包括主要责任者、题名项（包括题名、其他题名信息、文献类型标识）、年卷期或其他标识、出版项（包括出版地、出版者、出版年、引用日期）、获取和访问路径（数字资源必备）、数字对象唯一标识符（数字资源必备）。

2. 连续出版物的著录格式

根据（GB/T 7714 –2015）《信息与文献 参考文献著录规则》要求，连续出版物的著录格式为：

主要责任者. 题名：其他题名信息［文献类型标识/文献载体标识］. 年，卷（期）–年，卷（期）. 出版地：出版者，出版年［引用日期］. 获取和访问路径. 数字对象唯一识别符.

连续出版物的"卷"反映创刊年份信息，在连续出版物的著录中，有时省略"卷"著录的情形。连续出版物常出现的文献标识代码如表4-2所示。

表4-2　连续出版物常出现的文献标识代码

文献/载体类型	标识代码
期刊	J
报纸	N
联机网络	OL

3. 连续出版物的著录实例

按照连续出版物著录格式要求，连续出版物的著录格式范例如下：

【实例 4-21】

［1］中华医学会湖北分会．临床内科杂志［J］．1984，1（1）－．武汉：中华医学会湖北分会，1984－．

［2］中华全国手工业合作总社，中国工业合作经济学会．中国集体经济［J］．1985，1（1）－1990，6（1）．北京：中国集体经济，1985－1990．

［3］中国文化报社．中国文化报［N］．1989，3（5）－1991，5（1）．北京：中国文化报，1989－1991．

［4］中国共产党中央委员会．人民日报［N/OL］．2018，63（1）－2019，65（1）．北京：人民日报，2018－2019［2019－02－22］．http：//paper．people．com．cn/rmrb/html/2019－02/22/nbs．D110000renmrb_ 01．htm．

【题解】 连续出版物的著录仅需将连续出版物的主要责任者、题名、年卷期等信息著录齐全，它与后文所介绍的连续出版物中的析出文献著录存在明显不同。

（五）连续出版物中的析出文献

1．概述

连续出版物中的析出文献，是将连续出版物中的一部分内容分析出来，单独作为一个著录单位进行著录，即将整个连续出版物中析出的具有独立篇名的文献。

连续出版物中的析出文献著录项目包括析出文献主要责任者、析出文献题名项（包括析出文献题名、文献类型标识）、出处项（连续出版物题名、其他题名信息、年卷期标识与页码、引用日期）、获取和访问路径（电子资源必备）、数字对象唯一标识符（电子资源必备）。

2．著录格式

连续出版物中的析出文献著录格式为：

析出文献主要责任者．析出文献题名［文献类型标识/文献载体标识］．连续出版物题名：其他题名信息，年，卷（期）：页码［引用日期］．获取和访问路径．数字对象唯一标志符．

析出文献主要责任者超过三个时，只著录前三个责任者，且责任者之间用逗号隔开，其他责任者用"等"代替，英文用"et al"代替。若无网络途径访问，则无须著录引用日期、访问路径等信息。

【实例 4-22】

［1］中央纪委国家监委驻公安部纪检监察组，公安部警务督察局．内蒙古扎实开展涉案财物专项治理［N］．人民公安报，2019－02－22（003）．

[2] 刘娟，汤丰收，张俊，等. 国内花生生产技术现状及发展趋势研究［J］. 中国农学通报，2017，33（22）：13-18.

【题解】　析出文献主要责任者超过三个以上时，只著录前三个责任者。报纸的著录可以到具体日期和页码。

3. 常见连续出版物类型的析出文献及著录

著录项目反映连续出版物的形式特征，常见于反映连续出版物的形式特征的有：主要责任者、题名项、其他题名信息、文献类型标识、年卷期或其他标识、出版项、出版地、出版者、出版年、引用日期、获取和访问路径（电子资源必备）、数字对象唯一标识符（电子资源必备）。常见的连续出版物有期刊、报纸。

（1）期刊

期刊属于连续出版物的一种。它是"一种以印刷形式或其他形式逐次刊行，通常载有数字或年卷期号或年月日顺序编号，并计划无限期连续出版发行的印刷或非印刷形式的连续出版物"。期刊刊载有不同著者、译者、编者的不同作品。

期刊具有出版周期短、信息报道速度快、内容新颖、数量大、种类多且涉及学科面广等特点，常常作为科学研究、学术思想交流经常使用的文献信息资源。在我国，它是经过新闻出版总署批准，依法设立并由期刊出版单位定期出版的刊物。国内期刊持有国内统一刊号（CN号），它是表征国内期刊合法的重要标准。

电子期刊属于期刊的非印刷形式。它是利用数字化技术生产、制作、出版的期刊，包括印刷型期刊的电子版、无印刷版的网络电子期刊、光盘型的电子期刊等类型。电子期刊与印刷型出版期刊一样，逐次刊行，具有相似的特点。从外在形态来看，电子期刊都具有固定的刊名、版式，拥有国际标准连续出版物号（ISSN号），定期连续出版。从内容来看，内容新颖，实效性强，文章篇数多、作者多，可以作为某行业或某主题长期跟踪研究的主要信息类型。

反映期刊的著录信息有刊名、作者、文献类型标识（J）、年、卷、期、页码、获取和访问途径（电子期刊必备）、数字对象唯一标识符（电子期刊必备）。期刊作为连续出版物的一种形式，著录格式参照连续出版物著录格式如下：

主要责任者. 题名：其他题名信息［J］. 期刊名：年，卷（期）：页码.

或者：

主要责任者. 题名：其他题名信息［J/OL］. 期刊名：年，卷（期）：页码［引用日期］. 获取和访问路径. 数字对象唯一识别符.

如果没有其他题名信息、其他责任者、非网络途径获取等信息，可以不著录。主要责任者超过三个时，只著录前三位责任者，且责任者之间用逗号隔开，其他责任者用"等"代替，英文用"et al"代替。

【实例4-23】　余金成．社会主义市场经济是新型社会主义生产方式——写在中国改革开放四十周年［J］．中国矿业大学学报（社会科学版），2018，20（06）：35－45．

【题解】　期刊参考文献著录了年卷期和具体页码。

【实例4-24】　王小菁，萧浪涛，董爱武，等．2016年中国植物科学若干领域重要研究进展［J］．植物学报，2017，52（04）：394－452．

【题解】　该论文的主要责任者有：王小菁，萧浪涛，董爱武，王台，钱前，漆小泉，陈凡，左建儒，杨淑华，顾红雅，陈之端，姜里文，白永飞，孔宏智，种康，但只著录前三位，其余作者用"等"著录。

【实例4-25】　李永明，郑德俊．图书馆焦虑因素相关分析及模型构建［J/OL］．新世纪图书馆，2019（01）：10－14［2019－02－22］．http：//newcentury. jslib. org. cn/xsjtsg/Info/ViewInfo－40974397. html.

【题解】　该期刊论文著录了引用时间和访问路径。

（2）报纸

报纸（newspaper），是常以刊载时事新闻和评论为主，出版周期较短且定期向公众发行的连续出版物。

报纸著录格式为：

析出文献主要责任者．析出文献题名［N］．报纸名，年－月－日（版面）．

或者：

析出文献主要责任者．析出文献题名［N/OL］．报纸名，年－月－日（版面）［引用日期］．获取和访问路径．数字对象唯一识别符．

如果没有其他题名信息、其他责任者、非网络途径获取等信息时，可以不著录。主要责任者超过三位时，只著录前三位责任者，且责任者之间用逗号隔开，其他责任者用"等"代替，英文用"et al"代替。

【实例4-26】　胡宇齐．灯光秀争议背后是对文化标杆的期待［N］．北京日报，2019－02－22（003）．

【题解】　报纸著录到具体的年月日及版面。

【实例4-27】　傅刚，赵承，李佳路．大风沙过后的思考［N/OL］．北京青年报，2000－04－12（14）［2005－07－12］．http：//www. bjyouth. com. cn/Bqb/20000412/3.

【题解】　该报纸信息著录了引用时间和访问路径。

（六）专利

专利，来源于拉丁语，英文翻译为 patent。专利一般是由政府机关、代表国家的区域性组织根据申请而颁发的文件，用于记载发明创造的内容及一定时期内产生的一种法律状态（图4-9、图4-10）。

图4-9　中国专利数据库（知网版）题录数据

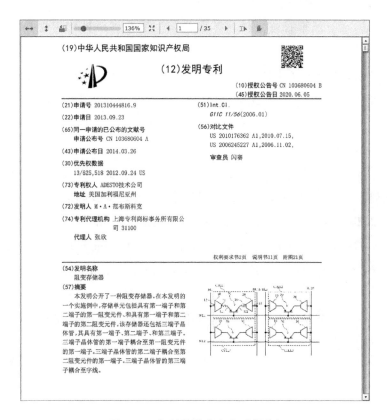

图4-10　专利说明书全文（部分）

专利是一种灰色文献，用于反映专利信息特征的基本都可以作为专利的著录项目。专利的著录项目包括专利申请者或所有者、题名项（包括专利题名、专利号、文献类型标识）、出版项（公告日期或公开日期）、引用日期、获取和访问路径（电子资源必备）、数字对象唯一标识符（电子资源必备）。专利文献常用的标志代码如图4-3所示。

表4-3 专利文献常用标识代码

文献/载体类型	标识代码
专利	P
联机网络	OL

专利的著录格式为：

专利申请者或所有者．专利题名：专利号［P］．公告日期或公开日期．

或者：

专利申请者或所有者．专利题名：专利号［P/OL］．公告日期或公开日期［引用日期］．获取和访问路径．数字对象唯一识别符．

【实例4-28】 山东省农业机械科学研究院．播种机播种均匀性控制系统及方法：CN108990485A［P］．2018－12－14.

【题解】 该专利著录了申请人、专利公开日期，专利申请人为机构单位。

【实例4-29】 邢华铭．一种蔬菜重金属检测装置：CN201811567417［P/OL］．2019－02－15［2019－02－23］．http：//www.pss－system.gov.cn/sipopublicsearch/patentsearch/showViewList－jumpToView.shtml.

【题解】 该专利信息由个人申请，且著录了引用时间和访问路径。

【实例4-30】 Lincoln Global. Inc. Welding Electrode Wires Having Alkaline Earth Metals［P/OL］．2020－06－02［2020－06－05］．http：//patft.uspto.gov/netacgi/nph－Parser？Sect1＝PTO2&Sect2＝HITOFF&p＝1&u＝%2Fnetahtml%2FPTO%2Fsearch－bool.html&r＝3&f＝G&l＝50&co1＝AND&d＝PTXT&s1＝earth.TI.&OS＝TTL/earth&RS＝TTL/earth

【题解】 该专利著录了引用时间和访问路径。可以从美国专利商标网上获得该专利详情，如图4-11所示。

图 4-11 美国专利商标网专利详情

（七）电子资源

电子资源，也称为数字资源，是以数字化形式将图像、声音、文字等信息存储在磁、光、电介质上，通过计算机、网络或相关设备使用，记录有知识内容、艺术内容或者其他内容的信息资源。常见的电子资源包括电子公告、电子图书、电子期刊、数据库等。

前文提到的电子专著、电子专著中的析出文献、电子连续出版物、电子连续出版物中的析出文献、电子专利的著录项目、著录格式已经逐一详细介绍。此节介绍的电子资源著录主要为电子公告、电子科技报告。

1. 著录项目

电子资源的著录项目包括主要责任者、题名项（包括题名、其他题名信息、文献类型标识）、出版项（包括出版地、出版者、出版年、引文页码、更新或修改日期、引用日期）、获取和访问路径、数字对象唯一标识符。

2. 著录格式

主要责任者. 题名：其他题名信息［文献类型标识/文献载体标识］. 出版地：出版者，出版年：引文页码（发布或更新或修改日期）［引用日期］. 获取和访问路径. 数字对象唯一标识符。

电子资源常用标识代码如表 4-4 所示。

表4-4　电子资源常用标识代码

文献/载体类型	标识代码
科技报告	R
电子公告	EB
联机网络	OL

3. 常见的电子资源类别及著录

前文提及的期刊、专利、标准、报纸等通过联机网络（OL）获取，均属于此处的电子资源类别，在此不再重复表述。

（1）科技报告

科技报告的著录格式参照电子资源著录格式：主要责任者．题名：其他题名信息〔文献类型标识/文献载体标识〕．出版地：出版者，出版年：引文页码（发布或更新或修改日期）〔引用日期〕．获取和访问路径．数字对象唯一标识符．。因此，科技报告著录格式为：

科技报告主要责任者．科技报告题名〔R〕．出版地：出版者，出版年.

或者：

科技报告主要责任者．科技报告题名〔R/OL〕．出版地：出版者，出版年（科技报告发布日期）〔引用日期〕．获取和访问路径．数字对象唯一识别符．

科技报告著录时，主要责任者超过三个时，只著录前三个责任者，且责任者之间用逗号隔开，其他责任者用"等"代替，英文用"et al"代替。网络途径访问引用时，也有未著录出版地、出版者，只著录发布日期，如实例4-32。

【实例4-31】　中华人民共和国国务院新闻办公室．国防白皮书：中国的军事战略〔R/OL〕．（2015 – 05 – 26）〔2019 – 02 – 23〕．http：//www．mod．gov．cn/affair/2015 – 05/26/content_ 4588132．htm.

【题解】　该科技报告著录了引用时间和访问路径。

【实例4-32】　World Health Organization. Factors regulating the immue response：report of WHO Scientific Group〔R〕. Geneva：WHO，1970.

【题解】　该科技报告著录出版地、出版者、出版年。

（2）电子公告

电子公告是互联网上的一种信息服务方式，可以发布和交换信息的在线服务系统。用户可以通过电子公告获得丰富便捷的信息，可以实现网上交谈、发布信息、讨论问题、传输文件、在线学习、休闲娱乐等。根据业务，电子公告分为综合类和专业类；根据服务内容，电子公告分为教育类、科技交流类、人才交流类、休闲娱乐类、财经投资类等。

电子公告参照电子资源著录格式为：

主要责任者. 题名：其他题名信息［EB/OL］. （发布或更新或修改日期）［引用日期］. 获取和访问路径. 数字对象唯一标识符.

主要责任者超过三个时，只著录前三个责任者，且责任者之间用逗号隔开，其他责任者用"等"代替，英文用"et al"代替。如果访问站点没有提供发布日期或更新日期或修改日期，可以不著录。

【实例4-33】 中华人民共和国国防部. 中国批准上合组织反恐怖主义公约［EB/OL］. （2014－1－29）［2019－02－23］. http：//www. mod. gov. cn/affair/2014－12/29/content_ 4561228. htm.

【题解】 若通过网络途径获取的电子公告还提供了发布日期，可以都著录。该电子公告著录了发布日期、访问日期。

我国国家标准主要参考文献著录格式汇总如表4-5所示。

表4-5 我国国家标准主要参考文献著录格式

类型/代码	参考文献著录格式
普通图书 M	［1］侯文顺. 高分子物理：高分子材料分析、选择与改性［M/OL］. 北京：化学工业出版社，2010：119［2012－11－27］. http：//apabi. lib. pku. edu. cn/usp/pku/pub. mvc？pid = book. detail&metaid = m. 20120406－YPT－889－0010. ［2］朱汉民. 岳麓书院［M］. 长沙：湖南大学出版社，2011. 备注：所有网络平台获取的信息著录时，还需要提供获取的链接地址、引用时的访问日期，并采用 OL（联机网络）标识。
会议录 C	［3］雷光春. 综合湿地管理：综合湿地管理国际研讨会论文集［C］. 北京：海洋出版社，2012. ［4］中国社会科学院考研研究所. 里耶古城·秦简与秦文化研究：中国里耶古城·秦简与秦文化国际学术研讨会论文集［C/OL］. 北京：科学出版社，2009［2019－02－20］. http：//product. dangdang. com/1212432115. html.
学位论文 D	［4］孙虎. RFID 超高频天线环境适应性研究及应用［D］. 武汉：华中科技大学，2018：10. ［5］杨艳岭. 相对论性费米子的自旋相关量子输运研究［D/OL］. 北京：北京科技大学，2019［2019－02－22］. http：//kns. cnki. net/KCMS/detail/detail. aspx？dbcode = CDFD&dbname = CDFDTEMP&filename.
标准 S	［6］中国国家标准化管理委员会. 信息与文献参考文献著录规则：3 术语和界定：GB/T 7714－2015［S］. 北京：全国信息与文献标准技术委员会，2015：1. ［7］国家环境保护局科技标准司. 土壤环境质量标准：GB15616－1995［S/OL］. 北京：中国标准出版社，1996：2－3［2019－02－21］. http：//wenku. baidu. com/view/b950a34b767f5acfa1c7cd49. html.

类型/代码	参考文献著录格式
档案 A	［8］中国第一历史档案馆，文化部恭王府管理中心．清宫恭王府档案总汇［A］．北京：国家图书馆出版社，2009． ［9］中央电视台．探索发现：世界遗产之中国档案［A/OL］．北京：中国青年出版社，2004［2019－02－22］．http：//product. dangdang. com/23302892. html.
专利 P	［10］山东省农业机械科学研究院．播种机播种均匀性控制系统及方法：CN108990485A［P］．2018－12－14．
连续出版物（期刊J、报纸N）	［11］中华全国手工业合作总社，中国工业合作经济学会．中国集体经济［J］．1985，1（1）－1990，6（1）．北京：中国集体经济，1985－1990． ［12］中国文化报社．中国文化报［N］．1989，3（5）－1991，5（1）．北京：中国文化报，1989－1991．
连续出版物的析出文献（报纸N、期刊J）	［13］刘娟，汤丰收，张俊，等．国内花生生产技术现状及发展趋势研究［J］．中国农学通报，2017，33（22）：13－18． ［14］李永明，郑德俊．图书馆焦虑因素相关分析及模型构建［J/OL］．新世纪图书馆，2019（01）：10－14［2019－02－22］．http：//newcentury. jslib. org. cn/xsjtsg/Info/ViewInfo－40974397. html. ［15］胡宇齐．灯光秀争议背后是对文化标杆的期待［N］．北京日报，2019－02－22（003）．
专著的析出文献	［16］周易外传：卷5［M］//王夫之．船山全书：第6册．长沙：岳麓书院，2011：1109． ［17］贾冬琴，柯平．面向数字素养的高校图书馆数字服务体系研究［C］//中国图书馆学会．中国图书馆学会年会论文集，2011年卷．北京：国家图书馆出版社，2011：45－52．
电子资源（报告R、电子公告EB）	［18］掌桥．世界上最学研究室［EB/OL］．（2019－02－19）［2019－02－23］．http：//www. pbsti. com/article/detail/32. html. ［19］中华人民共和国国务院新闻办公室．国防白皮书：中国的军事战略［R/OL］．（2015－05－26）［2019－02－23］．http：//www. mod. gov. cn/affair/2015－05/26/content_ 4588132. htm.

实 习 题

1. 毛红艳,徐鑫,于明．新疆地区玉米品种营养品质主成分分析与评价［J/OL］．新疆农业科学，2018（10）：1909－1915［2019－02－26］．http：//kns. cnki. net/kcms/detail/65. 1097. s. 20190201. 1608. 036. htm. 该参考文献的类型为＿＿＿＿＿＿＿＿，其中，2018（10）：1909－1915、［2019－02－26］、http：//kns. cnki. net/kcms/detail/65. 1097. s. 20190201. 1608. 036. htm 三者表达的含义分别为＿＿＿＿＿＿＿＿＿。

A. 期刊，2018 年第 10 卷第 1909－1915 页、访问日期、访问该文的网址

B. 期刊且联机网络获取，2018 年第 10 期第 1909－1915 页、发表日期、访问该文的网址

C. 期刊且联机网络获取，2018 年第 10 期第 1909 - 1915 页、访问日期、访问该文的网址

D. 期刊，2018 年第 10 期第 1909 - 1915 页、访问日期、发表网址

2. 程鸣．商业演示文稿翻译策略初探［D］．上海：上海外国语大学，2019. 该参考文献类型为_____，上海外国语大学表示_____。

3. 崔璐．基于 PDCA 循环的门诊手术室感染管理：第七届全国解剖学技术学术会议论文集［C］．广州：南方医科大学临床解剖学研究所，2019. 该参考文献类型为_____，作者为_____。

4. Lindsay Riley，Lucas Schirmer，Tatiana Segura. Granular hydrogels：emergent properties of jammed hydrogel microparticles and their applications in tissue repair and regeneration ［J］．*Current Opinion in Biotechnology*，2019，60. 其中，Granular hydrogels：emergent properties of jammed hydrogel microparticles and their applications in tissue repair and regeneration 表示的含义是_____。

5. 按照（GB/T 7714 - 2015）《信息与文献 参考文献著录规则》、APA、MLA 格式著录以下参考文献。

第一篇的 CIP 数据如下：

图书在版编目（CIP）数据

梦里情问 / 蒲建林著．- 北京：中国文联出版社，2012.11
（中国前沿诗文库 / 雪瑶主编．第 4 辑）
ISBN 978 - 7 - 5059 - 7945 - 1

Ⅰ．①梦… Ⅱ．①蒲… Ⅲ．①诗集 - 中国 - 当代
Ⅳ．① I227

中国版本图书馆 CIP 数据核字 (2012) 第 263842 号

第二篇的文章发表刊物详情如下：

Volume 69, Issue 1, 3 April 1992, Pages 11-25

Review

Integrins: Versatility, modulation, and signaling in cell adhesion

Richard O. Hynes [1, 2]

[a] Howard Hughes Medical Institute and Center for Cancer Research Massachusetts Institute of Technology Cambridge, Massachusetts 02139 USA
[b] Department of Biology Massachusetts Institute of Technology Cambridge, Massachusetts 02139 USA

第五章

科技查新与查收查引

本章主要介绍的科技查新、查收查引是服务于论文开题、职称评审、成果评价、评奖评优、人才引进等的学术评价。学习者可以结合个人实际学习需求有针对性地学习，提高认知。

关键术语

科技查新　查收查引　施引文献　被引文献　自引　他引

本章提要

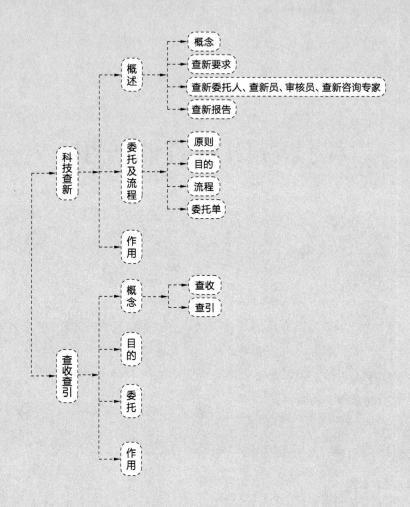

第一节　科技查新

一、 科技查新概述

（一） 概念

科技查新，简称查新，具有查新资质的机构根据查新委托人提供的需要查证其新颖性的科学技术内容，按照《科技查新规范》操作，得出结论。

具有查新业务资质的机构常见的有教育部科技查新工作站、农业部科技查新机构、科技部科技查新机构等。其中，教育部科技查新机构分为四种：综合类、理工类、农学类、医学类。目前，106 家高校图书馆分 7 批成为教育部科技查新工作站。

（二） 查新要求

查新要求是查新委托人对需要查证或待查证的科学技术项目，根据需要查新点的新颖性进行查证。其中，新颖性要求委托人提供的科学技术项目涉及的科学技术内容全部没有或部分没有在国内外出版物公开发表过。查新要求一般包括四种情况：

1. 希望查新机构通过查新，证明在所查范围内国内外有无相同或类似研究；

2. 希望查新机构对查新项目分别或者综合进行国内外对比分析；

3. 希望查新机构根据分析对查新项目的新颖性作出判断；

4. 查新委托人提出的其他需求。

（三） 查新委托人、 查新员、 审核员、 查新咨询专家

查新委托人一般是提出查新要求的自然人、法人或机构组织。

查新员是指具有中级或中级以上专业技术职称和查新资格，负责查新全部过程的查新人员。

审核员是查新审核员的简称，具有高级专业技术职称和查新资格，负责审核查新员所做的查新工作是否规范，并向查新员提出审核意见的查新人员。

查新咨询专家是指为查新机构提供查新咨询服务的同行专家。

（四） 查新报告

查新机构用书面形式就其处理的查新事务和得出的查新结论向查新委托人所做的书面正式陈述。它需要利用规范的检索词（主题词、关键词、参考检索词等），制定检索策略、编写检索提问式，在检索工具中实施检索，最终获得查新项目的相关文献信息，列

出参考文献和相关内容，最后就查新委托的查新点得出查新结论。

二、 科技查新委托及流程

（一） 查新委托的原则

查新委托人在处理查新委托事务中、查新机构在从事查新活动中，以及查新咨询专家提供查新咨询活动中应遵循以下几个原则：

（1）自愿原则：遵守《科技查新规范》，查新委托人自由选择查新机构，查新机构有权接受或拒绝查新委托；查新机构有权选择查新咨询专家，专家有权接受或拒绝担任查新咨询专家。

（2）依法查新原则：查新机构应当具有查新业务资质，未经相关部门认定或授权认定，任何单位和个人不可以从事面向社会服务的查新活动；查新机构的一切查新业务要以法律、法规为准，严格遵守《科技查新规范》《科技查新机构管理办法》。

（3）独立、客观、公正原则：要求查新机构、查新员、审核员、查新咨询专家是与查新项目无利害关系的第三者；查新报告中的任何分析、技术特点描述、结论，要以文献信息为依据，符合实际，排除个人偏见；在处理查新事务过程中，查新机构要站在公正立场上。

（二） 查新委托目的

委托人的查新目的一般包括立项查新、成果查新、专利查新、开题查新等。

立项查新包括申报各级、各类科技计划，科研课题开始前的文献信息收集等，如申请国家高技术研究发展计划项目，申请国家自然科学基金项目，申请省、市自然科学基金项目和其他一般科技项目立项等。

成果查新包括申请国家技术发明奖、国家科技进步奖，申请省、市级成果奖等。申请国家发明专利需要进行专利查新。

开题查新，常见于博士生课题开题报告的查新，如某学校明确要求自然科学类博士开题前，必须委托有资质的查新机构进行开题查新。

（三） 科技查新委托流程

科技查新委托一般是由委托人填写"查新项目委托单"、提交相关技术材料后提出查新委托，查新机构受理查新委托、订立合同（包括查新机构确定是否接受查新委托、订立查新合同、缴纳预付款），根据查新委托分析项目内容、拟定检索式、调整检索策略、实施检索、获取必要的原始信息和资料、对比分析、撰写查新报告、审核查新报告（包括审核、签字、盖章），查新机构出具正式的查新报告（委托人获得正式的查新报告、查新报告归档等）。

简单来说，科技查新委托流程如图5-1所示。

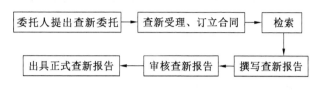

图5-1　科技查新委托流程

（四） 科技查新委托单

科技查新委托单的撰写需注意以下几点：

（1）科技查新委托单的填写，应注意根据查新目的、查新范围来完成。国内查新需要完整填写查新项目的中文名称、中文关键词等；国内外查新还需填写正确的英文查新项目名称、英文关键词等。

（2）委托人需完整填写联系方式、通信地址等详情，以便查新员与委托人之间沟通和联系。其中，机构名要求填写委托人所在单位的一级机构。

（3）查新项目的科学技术要点一般体现项目的研究内容，是对创新性的深入阐述。它可以反映出查新项目的概要，可以将项目背景、技术问题、解决技术问题采用的方案、方法、主要特征、技术参数或指标、应用范围等相关内容列出。另外，查新点是查新委托的核心内容之一，反映查新项目的创新性、新颖性，体现查新项目新颖性的全部技术创新点，一般包括查新项目涉及的理论、方法、结构、工艺、配方、技术指标等方面。查新点的撰写宜客观、科学、严谨、精练。图5-2、图5-3为某查新站委托单。

三、科技查新的作用

查新机构根据委托要求，选择数据库资源进行检索，获得相关文献对比分析后，出具相应的科技查新报告。图5-4、图5-5为教育部科技查新报告范文格式。

科技查新作为一项深层的信息咨询服务工作，其作用主要表现在三方面：为科研立项提供客观依据；为科研成果评价、评估、验收、转化、评奖、评优等提供客观依据；为科研人员科研创新提供真实可靠的信息。

编　号：

图书馆科技查新委托单(科技查新委托合同)

查新项目 名　称	中文	委托查新项目的中文标题						
	英文	委托查新项目的英文标题 (若为国内查新,此处省略)						
委 托 人	机构名称	一级机构名(如:湖南省测绘研究院、永州市烟草公司、湖南省农业科学院等)						
	通信地址							
	邮政编码		电子信箱					
	负责人		电　话			传　真		
	联系人		电　话			传　真		
查 新 机 构	机构名称	教育部科技查新工作站		通信地址	图书馆一楼 123 室		邮政编码	410000
	联系人	张三		电子信箱	111222@hunau.net			
	传　真	0731-8461	明确查新目 的、范围	电　话	0731-8461****			

一、查新目的及查新范围

　　□ 立项查新(申报计划、开题等)：_____　　　范围：□国内　　□国内外

　　□ 成果查新（成果评价、申报奖励等）：_____　　范围：□国内　　□国内外

　　□ 其它（请注明）：_____　　　范围：□国内　　□国内外

二、查新项目的科学技术要点（充分反映出查新项目的概貌，简述项目的背景、技术问题、解决技术问题所采
　　用的方案、主要技术特征、技术参数或指标、应用范围等相关技术内容。如填写不下，请另附）

图 5-2　某查新站科技查新委托单（1）

编　号：

三、查新点(着重说明该查新课题要求查证新颖性的部分，即体现该项目新颖性的全部技术创新点，如涉及内容、理论、方法、结构、工艺、配方、技术指标等等方面的创新点，如填写不下，请另附)**(查新点最好1-3个,不超过3个)**

　　查新点一般属于项目的创新性。文字表述宜客观、科学、严谨、精炼。

查新要求：

要求查新机构对查新项目分别或综合进行**国内/国内外**文献对比分析，证明有无相同或类似的报道。

四、委托人提供的资料（用户必须提供）

　　□ 开题报告　　　□ 研制报告　　　□ 总结报告　　　□ 成果申报表　　　□ 专利说明书
　　□ 产品样本　　　□ 检测报告　　　□ 用户报告　　　□ 技术报告　　　□ 可行性报告
　　□ 报奖材料　　　□其他(请注明)：　论文初稿

份数：　　　　　　密级：

　　□ 发表论文：　　　　　　　　□ 参考文献：

五、中英文检索词（主题词、关键词、规范词、同义词、缩写、全称、化学名称、分子式、专利分类号等）

　　　中文检索词　　　　　　　　英文检索词

1.

2.

3.

4.

5.

6.

...

六、保密责任

　　图书馆科技查新中心负责对委托查新项目的内容及相关资料保密。

(以下由查新员填写)

费用	查新报告费	加急费	原文获取费	邮费/传真/长话	其它	合计

预付款：

查新员：	报告完成日期：

备注：

委托人签字：　　　　　　　　　　　　　查新机构签字（公章）：

编　号：＿＿＿＿＿＿＿＿＿＿＿＿　　　　委托日期：＿＿＿＿＿＿＿＿＿＿＿

图5-3　某查新站科技查新委托单（2）

报告编号：201536000L310299

科 技 查 新 报 告

项目名称：语音速记本

委 托 人：安徽声讯信息技术有限公司

委托日期：2015 年 4 月 7 日

查新机构：教育部科技查新工作站（L31）

完成日期：2015 年 4 月 15 日

教育部科技发展中心

二〇一四年制

图 5-4 科技查新报告封面

七、查新结论

综合分析检索到的国内文献，并与查新论文的查新点进行对比分析，得出以下结论：

文献已见一种基于语音识别技术分析客户行为特征的系统及方法[1]；已见一种会议纪要的提取方法和装置[2]；已见一种随身携带式创建个性化语音对应文本文字的数据库创建器[3]；已见一种将电话对话实时记录并转化陈述句的方法和系统[4]；已见一种语音审批的设备和系统[5]；已见一种网间音频文件多倍速安全传输方法及系统[6]；已见一种多路音频合并数字录音电路[7]；已见集音频裁剪、续录及合并于一体的录音系统和方法[8]；已见基于 Hadeop 的优化海量录音小文件存取性能的方法[9]。

经检索并对相关文献分析对比结果表明：检出文献均未涉及具体录制时间，也没有转写时间，连续转写时间；大部分检出文献未见用同一个麦克风录音同步转写，以达实现录音文件和文字同步修改功能。

综上所述，在国内公开发表的文献中，未见与该查新项目查新点完全相同的中文文献报道。

查新员（签字）：冯 ▢ ▢   查新员职称：高级工程师

审核员（签字）：萧慧泉   审核员职称：副研究馆员

（科技查新专用章）
2015 年 4 月 15 日

图 5-5 科技查新报告结论页

第二节 查收查引

一、 查收查引的概念

查收查引包括两部分内容，即论文的收录情况检索，论文或著作的被引用（含他引、自引）情况检索。它是图书馆或信息咨询单位，根据委托人的委托需求，在国内外权威数据库中检索其成果被收录、被引用情况，用以证明委托人的成果发表后收录、引用的客观数据说明，属于图书馆或信息机构等咨询单位的服务内容之一。

查收查引，一般由委托人向第三方（如图书馆、信息情报所等机构），通过访问各收录数据库、索引等工具，客观公正地出具该机构签名或盖章的三方报告。也有第三方机构购买了专门的查收查引系统，以实现同时获取不同数据库的查收查引数据详情。

（一）查收

查收服务，是通过委托人提供的作者姓名、作者单位、期刊名称及卷期、会议名称、会议时间、会议地点、文献篇名、发表时间等主要途径，查找成果被科学引文索引 SCIE、社会科学引文索引 SSCI、艺术与人文索引 A&HCI、科技会议录索引 CPCI－S、社会科学与人文会议录索引 CPCI－SSH、工程索引 EI、中文社会科学引文索引 CSSCI、中国科学引文数据库 CSCD 等的收录情况。

引文数据库对收录的文章均有文献收录号，一般为一串数字，用于在该数据库中唯一指示，属于数据库中的身份识别代码数据。

例如，访问 Web of Science 数据库，检索文章 "Effect of fish oil supplementation in sow diet during late gestation and lactation period on litter characteristics, milk composition and fatty acid profile of sows and their offspring" 被收录的情况。图 5-6 显示入藏号为 WOS：000496349000001。

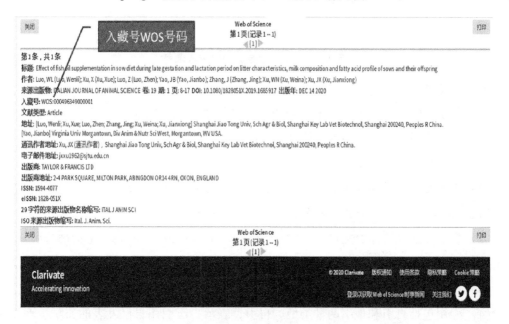

图 5-6　SCIE 收录界面 WOS 号码

例如，检索"李衡霞，龙陈锋，曾蒙，等．一种基于深度卷积神经网络的油菜虫害检测方法［J］．湖南农业大学学报（自然科学版），2019，45（05）：560－564."被 CSCD 收录的情况。图 5-7 显示，该期刊被 CSCD 核心库收录，文献收藏号为 CSCD：6604393。

图 5-7　CSCD 收录界面文献收录号

（二）查引

查引服务，是根据委托人发表的著作、论文等被引用的情况，通过具有查收查引资质的机构（如图书馆、信息咨询单位等），如实依据检索结果出具相关的引用证明。

引用文章需理解四个概念：

（1）施引文献（简称全文）：英文翻译为 Citing papers 或 Source items，是指列有参考文献的原始文献，如各类论文、著作等。

（2）被引文献（简称引文）：英文翻译为 Cited papers 或 Citations，是指被施引文献作者引用的文献，如各类论文或著作文后列出的参考文献（reference）就是一种典型的引文。

（3）引用频次：表示某篇论文或著作被作为参考文献列示了多少次。

（4）引用包括自引和他引两种类型。自引，表示自己引用自己发表的文章、著作等。他引是排除作者及合作者以外的其他人引用。因此，对于期刊来说，自引是在自己的期刊上引用自己期刊上曾发表的文章、著作；对于课题组来说，自引是课题组成员（所有作者）引用自己发表的文章、著作；对于个人来说，自引是引用自己发表的文章、著作。对于期刊来说，他引是其他期刊引用自己期刊的文章；对于课题组（所有作者）来说，他引就是引用除课题组成员外的其他文章、著作；对于个人来说，他引就是别人引用自己的文章、著作。

二、查收查引委托目的

近年来，基于人才引进、职称评审、评奖评优、项目申报等信息需求，委托人委托图书馆或情报所等信息服务单位，要求进行查收查引委托并出具第三方报告，作为个人或机构学术评价参考依据的群体越来越多。

文章的收录、文章或专著的被引用情况在一定程度上可以反映科研工作者或机构的学术水平、学术影响力。因此，具有查收查引资质的机构可以满足人才引进、职称评审、评奖评优、项目评价等委托人的各项需求，开展查收查引服务并出具第三方报告作为学术评价的客观参考依据。图 5-8 为中国知网 CNKI 的“引文检索”功能应用获取到被引、他引等详情。

例如，查收查引可以为委托人申报两院院士、国家自然科学基金、杰出青年基金、国家各类教育科研基金，机构学术水平评估和个人职称评定等工作提供客观、准确且正式的查收查引报告，相关职能部门可以参考查收查引报告做出相应的决策。图 5-9 为中国知网 CNKI 的引证文献分析报告。

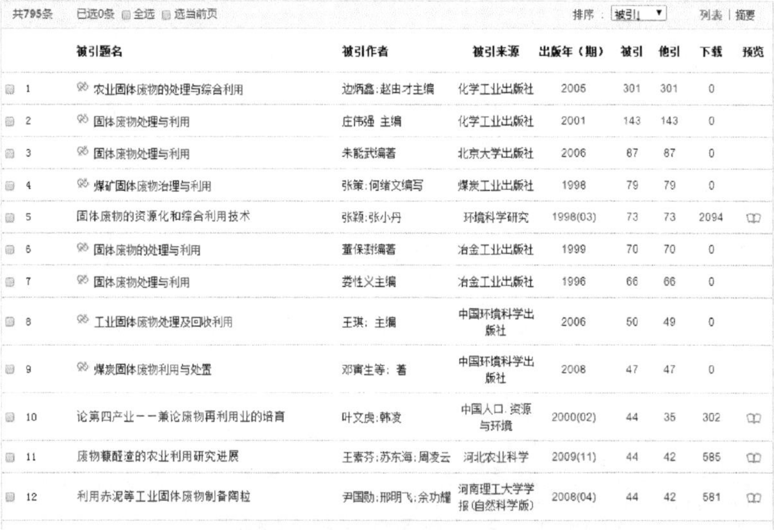
共795条 已选0条 全选 选当前页 排序：被引 列表 | 摘要

	被引题名	被引作者	被引来源	出版年（期）	被引	他引	下载	预览
1	农业固体废物的处理与综合利用	边炳鑫；赵由才主编	化学工业出版社	2005	301	301	0	
2	固体废物处理与利用	庄伟强 主编	化学工业出版社	2001	143	143	0	
3	固体废物处理与利用	朱能武编著	北京大学出版社	2006	87	87	0	
4	煤矿固体废物治理与利用	张策；何绪文编写	煤炭工业出版社	1998	79	79	0	
5	固体废物的资源化和综合利用技术	张颖；张小丹	环境科学研究	1998(03)	73	73	2094	
6	固体废物的处理与利用	董保澍编著	冶金工业出版社	1999	70	70	0	
7	固体废物处理与利用	娄性义主编	冶金工业出版社	1996	66	66	0	
8	工业固体废物处理及回收利用	王琪；主编	中国环境科学出版社	2006	50	49	0	
9	煤炭固体废物利用与处置	邓寅生等；著	中国环境科学出版社	2008	47	47	0	
10	论第四产业——兼论废物再利用业的培育	叶文虎；韩凌	中国人口.资源与环境	2000(02)	44	35	302	
11	废物糠醛渣的农业利用研究进展	王素芬；苏东海；周凌云	河北农业科学	2009(11)	44	42	585	
12	利用赤泥等工业固体废物制备陶粒	尹国勋；邢明飞；余功耀	河南理工大学学报（自然科学版）	2008(04)	44	42	581	

图 5-8　CNKI 引用界面检索结果

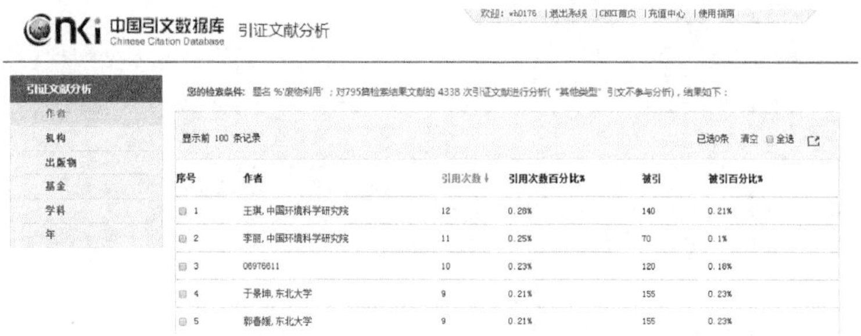

您的检索条件：题名 %'废物利用'；对795篇检索结果文献的 4338 次引证文献进行分析（"其他类型" 引文不参与分析），结果如下：

显示前 100 条记录　已选0条 清空 全选

序号	作者	引用次数	引用次数百分比%	被引	被引百分比%
1	王琪，中国环境科学研究院	12	0.28%	140	0.21%
2	李丽，中国环境科学研究院	11	0.25%	70	0.1%
3	06976611	10	0.23%	120	0.18%
4	于景坤，东北大学	9	0.21%	155	0.23%
5	郭春媛，东北大学	9	0.21%	155	0.23%

图 5-9　中国引文数据库引证文献分析

三、 查收查引委托

查收查引委托流程与科技查新委托流程类似，需要委托人根据个人的委托目的，填写需要进行文章或著作的收录及引用委托单，再交由相关机构检索后出具查收查引报告。常见的检索机构有高校图书馆、科研院所、信息咨询单位、数据库商等。

委托单的填写必须注意要完整填写个人委托目的、文章或著作的详细题录信息（最好按照 GB/T 7714－2015 进行，图 5-10）。

委托查收查引函

委托人姓名		委托人所在单位			
联系人		电话		电子信箱	
地址				邮编	
委托目的 （请备注查 收查引委托 详情）	☐ 人才引进：_____（请注明）　☐ 论文答辩：_____（请注明） ☐ 成果评价：_____（请注明） ☐ 申报奖励：_____（级别：如校级科技进步奖、省级、国家级等） ☐ 其它：_____（请注明）				
受理机构	机构名称	科技查新中心			
	通讯地址	图书馆	邮编：410000	电子信箱：***@hunau.net	
	联系人	张三	电话 12345678	传真	12345678
	查新员		报告费（元）	报告编号	
论文清单	[1] [2] [3] ...(如文献较多，可另附清单)				
委托时间			计划完成时间		

注意事项：

1　提交本委托单时，需同时提供查收查引委托人发表论文的清单（包括作者、篇名，出处、页码等题录信息。

2　如查中文文献在英文数据库（如 SCIE）中被收录或引用情况，请提供发表中文文献的各项中英文信息对照清单，参照如下格式：

(期刊论文)[序号]作者.论文篇名.刊名,发表年份,卷(期)：页码。

实例：[1]汪习根.论法治中国的科学含义.中国法学,2014,02:108-122.

(会议论文)[序号]作者.论文篇名.论文集/会议名.会议地点,年份。

实例：[2]ROSENTHALL E M. Proceedings of the Fifth Canadian Mathematical Congress, University of Montreal, 1961. Toronto: University of Toronto Press, 1963.

请在下列表格勾选你要查询的数据库，写明查询时间范围及相关信息：

查询数据库名称	查询时间范围	查 引
SCIE（科学引文索引）收录		
SCIE 引用		要自引（　）　不要自引（　）
中国科学引文索引（CSCD）收录		
中国科学引文索引（CSCD）引用		要自引（　）　不要自引（　）
中国知网（CNKI）引用		要自引（　）　不要自引（　）
中国社会科学引文索引（CSSCI）收录		
中国社会科学引文索引（CSSCI）引用		要自引（　）　不要自引（　）
其它_____（请填写）		

1.本站报告只为论文所属数据库收录和引用情况查询提供参考,不能认定论文归属和真实性;

2.个别数据库购买年限问题,部分收录和引用需委托兄弟单位进行,完成情况不做保证要求;

3.委托人超出本站范围内的请求不予以完成;

4.请在"查询内容"对应表格中标注"√"。

委托人（代理人）已审核并确认查询结果。　委托人（代理人）签名：_____

图5-10　查收查引委托单

四、 查收查引的作用

查收查引报告的格式，不同机构有不同的范本，图 5-11 为某单位的查收查引报告。查收查引报告主要是为满足高校或科研院所等单位的人才引进、职称评审、评奖评优、项目申报、学术评价等信息需求，提供第三方报告供相关单位参考。

范伟发表文献被SCIE收录证明

检索数据库：Science Citation Index Expanded
(SCI-EXPANDED)
检索时间范围：2017-2020
检索日期：2020-1-15
检索结果：

　　检索范围内，委托人提供的 1 篇文献已被 SCIE 数据库收录(已经委托人确认)。详情见附件。

以上检索结果仅供参考，特此证明(已经委托人确认)

图 5-11　查收查引报告范例

实 习 题

1. 检索以下文献被数据库收录的情况：

［1］刘琨天，李昊，邓晶，等．生态公益林保险产品定价研究［J］．价格理论与实践：1－3．

［2］邓胜玉，陈舜霞．救护车内空气及物品细菌数量调查与对策［J］．中华护理杂志，2001（01）：50－51．

2. 检索以下论文的 SCIE 他引频次：

［1］Wanqing Chen, Rongshou Zheng, Hongmei Zeng, et al. Annual report on status of cancer in China, 2011［J］. *Chinese Journal of Cancer Research*, 2015, 27（01）：2－12.

［2］Wanqing Chen, Rongshou Zheng, Siwei Zhang, et al. Annual report on status of cancer in China, 2010［J］. *Chinese Journal of Cancer Research*, 2014, 26（01）：48－58.

［3］许文良，王枫，裴福萍，等．中国东北中生代构造体制与区域成矿背景：来自中生代火山岩组合时空变化的制约［J］．岩石学报，2013，29（02）：339－353．

第六章

学术论文及投稿

　　本章主要介绍学术论文的基本知识，包括概念、分类、格式等，要求重点掌握学术论文的投稿方式及发表时的注意事项。

关键术语

学术论文　标题　摘要　引言　参考文献

本章提要

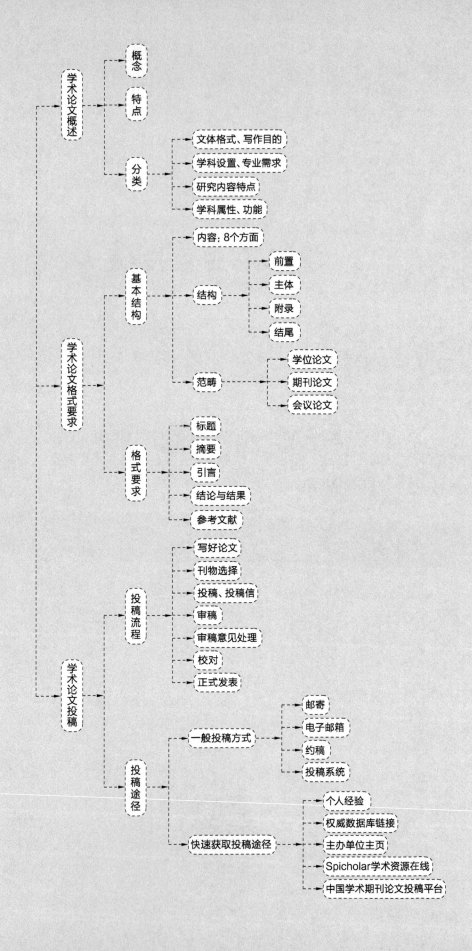

学术论文概述
├── 概念
├── 特点
└── 分类
    ├── 文体格式、写作目的
    ├── 学科设置、专业需求
    ├── 研究内容特点
    └── 学科属性、功能

学术论文格式要求
├── 基本结构
│   ├── 内容：8个方面
│   ├── 结构
│   │   ├── 前置
│   │   ├── 主体
│   │   ├── 附录
│   │   └── 结尾
│   └── 范畴
│   ├── 学位论文
│   ├── 期刊论文
│   └── 会议论文
└── 格式要求
    ├── 标题
    ├── 摘要
    ├── 引言
    ├── 结论与结果
    └── 参考文献

学术论文投稿
├── 投稿流程
│   ├── 写好论文
│   ├── 刊物选择
│   ├── 投稿、投稿信
│   ├── 审稿
│   ├── 审稿意见处理
│   ├── 校对
│   └── 正式发表
└── 投稿途径
    ├── 一般投稿方式
    │   ├── 邮寄
    │   ├── 电子邮箱
    │   ├── 约稿
    │   └── 投稿系统
    └── 快速获取投稿途径
        ├── 个人经验
        ├── 权威数据库链接
        ├── 主办单位主页
        ├── Spicholar学术资源在线
        └── 中国学术期刊论文投稿平台

第一节　学术论文概述

一、 学术论文的概念

《图书馆·情报与文献学名词》（第一版）将"学术论文"定义为：对某个科学领域中的学术问题进行研究后，记录科学研究的过程、方法及结果，用于进行学术交流、讨论或出版发表，或用作其他用途的书面材料。也有人将"学术论文"定义为：科技工作者对创造性研究成果进行理论分析、科学总结，并得以公开发表或通过论文答辩的学术性文章。

学术论文的范围较广，如论文某一课题在实验性、理论性或观测性上具有科学研究成果或创新见解和知识的科学记录；或者是某种已知原理应用于实际取得新进展的科学总结，用以提供学术会议上宣读、交流或讨论，或在学术刊物上发表，或用作其他用途的书面文件。学术论文提供新的科技信息，其内容应有所发现、有所发明、有所创造、有所前进，而不是重复、模仿、抄袭前人的成果。

因此，学术论文是根据有价值的生产实践、科研课题需求、人文或科学理论等撰写出的具有独到性、原创性的论文。

二、 学术论文的特点

学术论文具有科学性、学术性和创新性。

科学性，是学术论文与一般议论文、非科技文体文章的根本区别。学术论文的科学性主要是指论文的真实性、准确性、逻辑性、再现性、客观性和公正性。

学术性，主要是针对学术论文的写作目的。首先，它与建设和发展具体学科或专业的某一部分密不可分；其次，学术性表现在新发明、新发现上，重视实际运用，从理论上进行分析和研究；再次，学术性体现在专业性上。学术论文的学术性表现在它的读者受众，一般是具有某方面专业背景或学术专长的学者、教授、研究生等。

创新性，是学术论文的灵魂，也是区别于其他文体的根本标识。这里的"新"主要是指新颖性，所报道的内容非公共知识，不可以复制抄袭。

三、 学术论文的分类

（一） 按照文体格式和写作目的划分

学术论文按照文体格式和写作目的，可以划分为学位论文、期刊论文、会议论文等。

学位论文表明作者从事科学研究所取得的创造性结果或新的见解，并以此为主要内容撰写而成，可以作为作者提出申请相应学位使用的学术论文。

期刊论文是指在正式出版的期刊上刊载的学术论文，具有出版周期短、报道速度快、内容新颖，涉及学科面广、数量大、总量多的特点。因此，期刊论文通常是科学研究、学术交流思想的主要途径。

会议论文是在学术会议上发表或宣读的研究报告或论文，一般是围绕会议召开的某个主题展开，要求在会议规定的时间内提交，以便评选后结集出版。

（二） 按照学科设置、 专业需求划分

按照学科设置、专业需求等因素，学术论文可以划分为科研论文、综述论文、社科类论文三种。

科研论文，是反映科技领域研究进展的学术论文。它在情报学中又被称为一次信息，是科技工作者或其他研究人员在科学实验的基础上，对自然科学、工程技术科学等研究领域进行科学分析、综合研究、详略阐述，发表在各种科技期刊中。它具有学术性、创新性和科学性。

综述论文，又称为文献综述论文，英文名为 review。它是某一时间内作者针对某一专题，对大量原始研究论文中的数据、资料和主要观点进行归纳整理、分析提炼而写成的论文。简言之，综述是论文的一种文体，是某学科或某主题的历史发展、现状评述、前景预测，也是学科最新研究进展的载体。

社科类论文，是以社会现象为研究对象，研究和阐述各种社会现象、社会事物的本质及其发展规律的论文。其主题包括人类社会，政治学研究政治、政策和有关活动，人文艺术等。

（三） 按照研究内容特点划分

学术论文按照研究内容的特点可分为论证型、科技报告型、发明发现型、计算型、文献计量或综述型等。

论证型一般是基础性科学的论证与证明，以及提出新的设想原理、模型、工艺等；科技报告型描述一项科学技术的研究结果或进展，也可以是一项技术研究试验和评价结果或某项科学技术问题的现状和发展情况；发明发现型是阐述发明的装备、系统、工具、

工艺、性能、特点等；计算型是为解决工程、技术、管理等问题而设计的计算机程序、计算机辅助设计和优化设计，以及某些过程的计算机模拟等；文献计量或综述型是针对某个主题、某个时间段的研究现状，指出研究的不足并展望未来。

（四） 按照学科属性和功能划分

按照学科属性和功能，学术论文分为基础学科论文、技术学科论文、应用学科论文三种类型。根据学科的特点，各类学术论文均有各自的特点。

第二节　学术论文格式要求

一、 基本结构

（一） 学术论文的内容

学术论文的内容一般包括 8 个方面：① 研究背景及意义；② 国内外研究现状；③ 研究目标、研究方法、主要内容及创新点；④ 技术路线及可行性分析；⑤ 研究条件及可能出现的问题；⑥ 预期效果；⑦ 时间安排；⑧ 参考文献。不同类型的学术论文包含的内容可能存在一定的差异，如期刊论文和学位论文。

（二） 学术论文的结构

学术论文的格式一般采用"三段论"，即问题—原因—对策/建议/措施。学术论文的结构主体分为四部分，即前置部分、主体部分、附录部分和结尾部分，具体来说包括标题、摘要、引言、正文、结论、参考文献、作者简介等内容。引言部分包括问题的提出、选题背景及意义、文献综述、研究方法等全部内容或部分内容。需要注意的是，引言相比于正文文字要少，正文是学术论文的核心所在，由正文进一步研究获得结论。除此之外，参考文献和作者简介在学术论文中也必不可少。学术论文范例如图6-1 所示。

（三）学术论文的范畴学术论文包括学位论文、期刊论文、会议论文等。

学位论文的前置部分一般包括封面、扉页、独创性声明和关于论文使用授权的说明、中英文摘要与关键词、目录、书脊。

学位论文的主体部分一般包括前言（绪论或文献综述）、正文、参考文献。

学位论文的附录部分是主体部分的补充，一般包括各种必要的附录，如插图和附表清单、符号、标志、缩略词、首字母缩写、单位、术语、名词解释等。

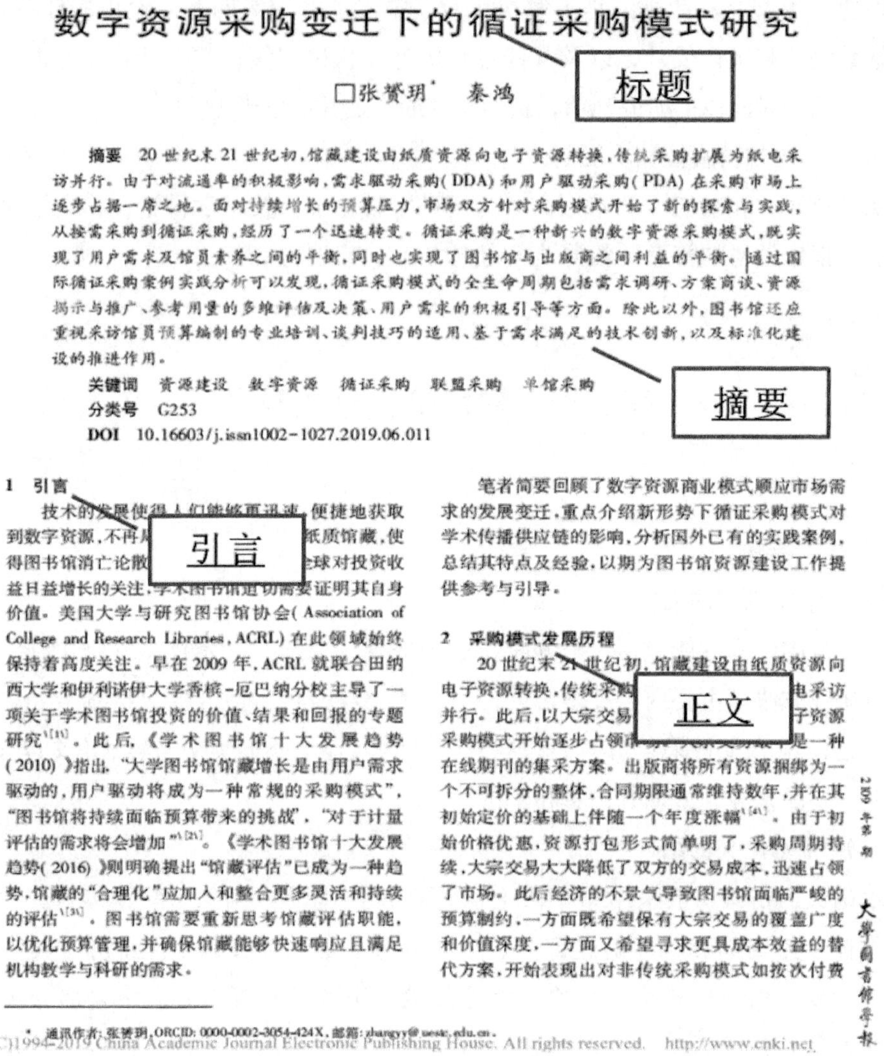

数字资源采购变迁下的循证采购模式研究

□ 张赞玥* 秦鸿

标题

摘要 20世纪末21世纪初,馆藏建设由纸质资源向电子资源转换,传统采购扩展为纸电采访并行。由于对流通率的积极影响,需求驱动采购(DDA)和用户驱动采购(PDA)在采购市场上逐步占据一席之地。面对持续增长的预算压力,市场双方针对采购模式开始了新的探索与实践,从按需采购到循证采购,经历了一个迅速转变。循证采购是一种新兴的数字资源采购模式,既实现了用户需求及馆员素养之间的平衡,同时也实现了图书馆与出版商之间利益的平衡。通过国际循证采购案例实践分析可以发现,循证采购模式的全生命周期包括需求调研、方案商谈、资源揭示与推广、参考用量的多维评估及决策、用户需求的积极引导等方面。除此以外,图书馆还应重视采访馆员预算编制的专业培训、谈判技巧的运用、基于需求满足的技术创新,以及标准化建设的推进作用。

关键词 资源建设 数字资源 循证采购 联盟采购 单馆采购
分类号 G253

摘要

DOI 10.16603/j.issn1002-1027.2019.06.011

1 引言

技术的发展使得人们能够更迅速、便捷地获取到数字资源,不再是单纯地依赖纸质馆藏,使得图书馆消亡论散布全球,对投资收益日益增长的关注。学术图书馆迫切需要证明其自身价值。美国大学与研究图书馆协会(Association of College and Research Libraries, ACRL)在此领域始终保持着高度关注。早在2009年,ACRL就联合田纳西大学和伊利诺伊大学香槟-厄巴纳分校主导了一项关于学术图书馆投资的价值、结果和回报的专题研究[1]。此后,《学术图书馆十大发展趋势(2010)》指出,"大学图书馆馆藏增长是由用户需求驱动的,用户驱动将成为一种常规的采购模式","图书馆将持续面临预算带来的挑战","对于计量评估的需求将会增加"[2]。《学术图书馆十大发展趋势(2016)》则明确提出"馆藏评估"已成为一种趋势,馆藏的"合理化"应加入和整合更多灵活和持续的评估[3]。图书馆需要重新思考馆藏评估职能,以优化预算管理,并确保馆藏能够快速响应且满足机构教学与科研的需求。

引言

笔者简要回顾了数字资源商业模式顺应市场需求的发展变迁,重点介绍新形势下循证采购模式对学术传播供应链的影响,分析国外已有的实践案例,总结其特点及经验,以期为图书馆资源建设工作提供参考与引导。

2 采购模式发展历程

20世纪末21世纪初,馆藏建设由纸质资源向电子资源转换,传统采购扩展为纸电采访并行。此后,以大宗交易为主导的电子资源采购模式开始逐步占领市场。大宗交易是一种在线期刊的集采方案。出版商将所有资源捆绑为一个不可拆分的整体,合同期限通常维持数年,并在其初始定价的基础上伴随一个年度涨幅[4]。由于初始价格优惠,资源打包形式简单明了,采购周期持续,大宗交易大大降低了双方的交易成本,迅速占领市场。此后经济的不景气导致图书馆面临严峻的预算制约,一方面既希望保有大宗交易的覆盖广度和价值深度,一方面又希望寻求更具成本效益的替代方案,开始表现出对非传统采购模式如按次付费

正文

* 通讯作者:张赞玥, ORCID: 0000-0002-3054-424X, 邮箱: zhangyy@uestc.edu.cn。

图6-1 学术论文范例

学位论文的结尾部分,一般包括索引、致谢、作者简历及在读期间科研学术成果目录、封底。

学位论文的基本结构如图6-2所示。

期刊论文、会议论文的格式与学位论文接近。一般地,前置部分有标题、中英文摘要、关键词等;主体部分有引言、正文、结论、致谢、参考文献等;附录部分有术语、插图清单等(必要时提供);结尾部分为作者简介、单位等。有时也在前置部分提供作者简介、单位信息等个人详情(图6-3)。

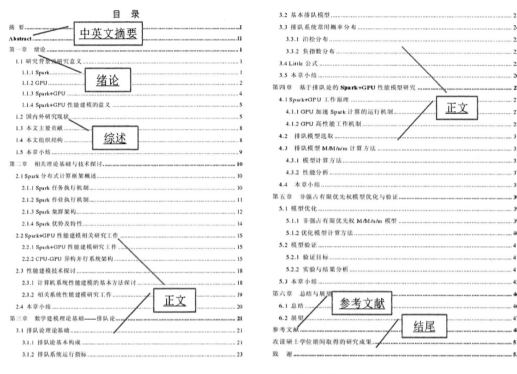

图6-2 学位论文的基本结构

图6-3 期刊论文的基本结构

二、 学术论文的格式要求

（一） 标题

标题（title），又称为题名、篇名。它是学术论文的题目，表达论文的特定思想，反映论文内容的研究时限与研究范围。标题是对于学术论文最鲜明、最精练的概括，也是简洁明了的逻辑组合。因此，标题可如实表达学术论文论述的范围和结论，表达出学术论文的研究深度和广度。

学术论义的标题选择应注意：标题选择宜小不宜大、宜选择自己熟知的论题、避免与他人雷同、正副标题使用准确恰当、力求用词精确且字数少。

【实例 6-1】 某论文标题为：新时代背景下广东省高校思政课教学创新。文章全文以案例形式介绍了广州大学、暨南大学在高校思政课的教学改革与创新实践。分析该标题是否合适。

【题解】 不合适。标题中有"广东省"，但实际上全文只介绍了广州大学、暨南大学两所高校，并不是全省所有高校或者大部分高校的案例分析。因此，该标题太大，不能反映文章全文的研究内容。

【实例 6-2】 某论文标题为：我国循环农业模式分类及其实证的分析探讨研究。

【题解】 该标题的同义词、近义词连用，题目显得冗长复杂。"分析""探讨""研究"三词意义相近，根据文章内容保留其一即可。此外，标题中"的"字多余，删除后更通顺、精练。连词"及其"改为"与"更好。因此，原标题可以改为"我国循环农业模式分类与实证分析"或"我国循环农业模式分类与实证研究"或"我国循环农业模式分类与实证探讨"。

【实例 6-3】 某论文的标题为：拱坝的应力特点和分布规律的探讨。

【题解】 标题中第 1 个"的"位置不科学，"拱坝的应力特点"读起来拗口，应改为"拱坝应力的特点"。由于第 1 个"的"位置不科学，导致后半部分为"拱坝的分布规律"存在歧义。第 2 个"的"可以删除，连词"和"改为"及其"更合适。因此，原标题可以改为"拱坝应力的特点及其分布规律探讨"。

【实例 6-4】 某论文的标题为：高技术产业化模型研究。该论文研究了多层次资本市场环境下，支持高技术产业化效率测度的 SE – U – SBM 模型。

【题解】 该论文的研究深度并不大，只是研究了多层次资本市场环境下，支持高技术产业化效率测度的 SE – U – SBM 模型。而有关高技术产业化效率测度的模型还有动态 StoNED 模型、专利 GEM – S 模型、EBM 模型等。因此，该标题明显过大。对于这类论文标题可以将"……的模型""……的机理""……的规律"一类词语用在标题上。比较客

观的表述就是"……的（一种）解释""一种……过程（现象）的机制""……的一种
（现象）模型"等。因此，该文的标题可以改为"一种高技术产业化效率测度的 SE – U –
SBM 模型研究"。

【实例 6-5】　Tadashi Kokubo，Hyun – Min Kim，Masakazu Kawashita 等人撰写了标题
为 Novel bioactive materials with different mechanical properties 一文。

【题解】　关于标题字数要少、用词要精练，至于多少字算是最合乎要求的，没有统
一的标准。一般来说，一篇学术论文的标题不宜超出 20 个字（图 6-4）。

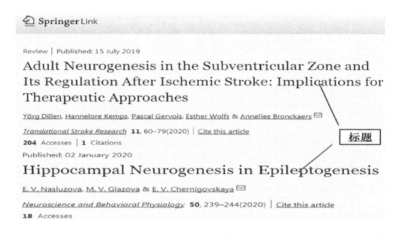

图 6-4　标题实例

不过，标题也不能一味追求字数少而影响论文内容的恰当表达。当遇到字数过多与
用词精练宜少的矛盾时，应多用几个字力求表达准确。

当简短标题不能够充分表达论文内容或不能反映论文所属系列研究的属性时，可以
利用正、副标题的方法解决，副标题补充说明特定的研究方法、内容、实验材料等。

（二）摘要

摘要（abstract），又称为文摘、概要、内容提要。摘要是以提供文献内容概要为主要
目的，简明扼要地描述论文重要内容的精小短文，其基本要素包括研究方法、研究目的、
研究过程、研究结果和结论等，是学术论文的必要部分之一。摘要是科学研究工作的主
要对象和范围，采用科学研究方法和手段，得出的重要结论和结果，它既是二次信息的
主体，又是重要的一次信息。因此，摘要是具有重要情报价值的信息，是现代学术信息
交流、利用和表达的便捷方式。

摘要的撰写要考虑论文的文体。一般来说主要有三种形式的摘要：

（1）信息性摘要：又称为报道性摘要或资料性摘要，要求概括地、不加注释地陈述
论文的研究目的、研究方法、研究结果及得出的研究结论等主要信息。一般的学术论文

都尽量写成信息性摘要。根据文体要求常有文字字数限定，一般学位论文的字数多于期刊论文。

（2）指示性摘要：又称为概要性摘要或简介性提要。它只需要简单介绍论文的论题，或概括阐述论文的目的、主要内容及取得的进展，可以概括了解论文的主要内容。综述性论文、创新内容少的论文可以撰写成指示性摘要。

（3）信息－指示性摘要：兼具前两者摘要的特点。一般资料性、评述性论文可以写成信息－指示性摘要。

（三）引言

引言（introduction），也称为前言、序言、概述，位于学术论文的开端，主要提出"为什么研究"这个问题。因此，引言是提出论文要研究的问题、引导读者理解和阅读全文的重要窗口（图6-5）。

引言一般简明扼要介绍论文的研究背景、简述前人的研究历史与现状（也可以理解为文献综述）、存在的问题、作者的写作目的与依据，包括论文的研究目标、研究范围和理论、技术方案选取等。

引言的撰写不应详述同行熟知的、教科书上已陈述的基本理论、实验方法、基本公式等（学位论文除外）。总之，引言应言简意赅，不能等同于摘要或成为摘要的注释。

在学术论文行文需要采用专业术语、专有名词或简缩写时，引言中应提前定义或说明。

1 引言

1978年改革开放以来，中国经济增长与社会发展取得了巨大的成就。特别是伴随着工业化、城镇化的快速发展，城乡地域结构、产业结构、就业结构、社会结构等发生了显著的变化[1]，城乡转型发展、新型城镇化、城乡发展一体化，成为国家现代化建设与可持续发展的重大战略，也是地理学研究面向国家战略需求的重要课题。应当充分认识到，长期以来中国城乡二元体制下城市偏向的发展战略、市民偏向的分配制度、重工业偏向的产业结构[2]，进一步加深了中国城乡分割、土地分治、人地分离的"三分"矛盾，制约了当代中国经济发展方式转变、城乡发展转型、体制机制转换的"三转"进程，并成为当前中国"城进村衰"、农村空心化和日趋严峻的"乡村病"问题的根源所在[3]。

图6-5 某学术论文引言部分

（四）结论与结果

结论与结果（conclusion），也称为结束语，主要是回答"研究出什么"。结论与结果不是正文中各段小结的简单重复，而是以正文中的试验或考察后得到的现象、事实、数据和分析等作为依据，由此完整、简洁、准确地对全文做出的最后判断。因此，结论与结果具有总结全文、点明主题的作用，展望未来、增强信心，抒发感情、增强感染力等作用（图6-6）。

具体来说，结论与结果：

① 由考察研究对象或实验，得到的结果所揭示的原理、普遍性及共识。

② 研究中有无发现例外或本论文尚难以解释和解决的问题。

③ 本论文的理论、实践意义与价值。

④ 与已发表过（含本人）的论文、著作等研究成果的异同。

⑤ 对进一步深入研究本选题的建议或意见。

5 结论和讨论

5.1 空间分异性检验是空间数据分析的必要环节

空间自相关性和空间分异性是空间数据的两大特性，也是空间数据的两大信息资源，可以挖掘利用，以认识其背后过程机理。现代空间统计学是围绕空间自相关展开的。地理数据中的类型量广泛存在，它体现了地理对象的空间分异性，表现为层内方差小于层间方差。地理探测器是度量、挖掘和利用空间异质性的新工具，其理论核心是通过空间异质性来探测因变量与自变量之间空间分布格局的一致性，据此度量自变量对因变量的解释度，即q值。地理探测器比一般统计量有更强的势（Power），更加确信，强烈提示因果关系，因为两个变量在二维空间分布一致比两个变量的一维曲线的一致要难得多。

地理探测器是空间数据探索性分析的有力工具。产生空间分异性的原因是多样的：可能由于各层（类）的机理不同，也可能是由于各层（类）的因子不同、或者各层（类）的主导因子不同。这些不同都会导致空间分异性。用全局模型分析具有异质性的对象将掩盖对象的异质性，被混杂效应所干扰，甚至导致错误的结论。因此，在数据分析开始时，就应当首先探测是否存在空间异质性，据此确定是使用全局模型、还是选取局域模型；是使用全域变量还是选用局域变量；是使用全局参数还是局域参数？表2为不同对象性质所对应的建模策略。

5.2 地理探测器的适用条件

表3比较了空间自相关检验、地理探测器和线性回归的研究对象，变量类型，统计量，模型原理，以及统计推论的差异。表4比较了地理探测器与方差分析的异同，可见地理探测器包含方差分析，比方差分析适用面更加广泛，并且具有明确的物理含义。

归纳起来，地理探测器可以为3方面使用：① 度量给定数据的空间分异性；② 寻找

图6-6 某学术论文结论与结果部分

（五） 参考文献

参考文献（reference）是现代学术论文的重要组成部分，是反映论文研究背景的科学依据和尊重他人研究成果而提供文中观点、论据、数据等有关资料引用的出处；或是为了节约篇幅、表述方便，提供在论文中提及但未深入阐述详细内容的文本。

参考文献的作用在学术论文中举足轻重。具体表现在：

① 它是对前人知识产权的尊重。参考文献属于前人的知识产权，可以为后人提供借鉴或引用，但如果引用前人的文献却不标识出来，会被判定为学术不端行为。

② 表明论文研究作者的科学态度。学术论文中所引用的论点、资料等均能查阅，有

线索可寻，可以体现出作者治学研究的科学态度。

③ 参考文献是评价学术论文质量的标准之一。

参考文献引用时应注意以下 6 点：

① 不重视参考文献的引用，甚至使用"参考文献从略"的处理方法都是错误的。

② 被列入学术论文中的参考文献只限于学术论文作者亲自阅读过参考文献的原文。特别注意，不可以为了省事，转引二手文献，不可既不核对又未阅读参考文献原文。

③ 被列入学术论文中的参考文献必须是正式出版物，或其他有关档案资料、专利、标准、学位论文、网络资源等。一般的私人通信、内部讲义或未发表的文章、著作，不宜列入参考文献著录，但可用脚注或文内注的方式，来说明引用依据。

④ 参考文献的引用，必须保持严谨的态度，保证文献发表详情等信息，包括年代、卷号、标题、页码、作者等信息核实无误。

⑤ 不可只引用自己的成果。这样做容易被读者、编辑或审稿人认为作者研究成果未引起同行重视或研究不深入，不属于热点研究、前沿研究。

⑥ 近三年的参考文献宜保证一定比例。

【实例 6-6】 某人撰写的学术论文引用了美国教育学家 Hutchins R M 撰写的著作 *The Higher Learning in America* 中的观点、论据，并进行了参考文献的引用著录"Robert M. Hutchins. The Higher Learning in America ［M］. New Haven：Yale University Press：1972."。实际上，该论文作者仅仅阅读了 Hutchins R M 的中译本著作，但参考文献引用时写的却是外文文献。

【题解】 这种引用属于常见的错误引用，即阅读的是中文文献，引用的是外文文献，有时甚至连出版类型都是错的。Hutchins R M 的著作名为 The Higher Learning in America，中译文有 2001 年浙江教育出版社出版的《美国高等教育》。若引用此书，可以将参考文献著录为："罗伯特·M. 赫钦斯. 美国高等教育 ［M］. 王利兵，译. 杭州：浙江教育出版社，2001."。

一篇优质的学术论文，不论是编辑、出版商还是作者本人，都不会吝啬如实著录参考文献。通过中国知网 CNKI，检索权威期刊、核心期刊获得的学术论文文后参考文献详情可知，多数学术论文文后著录的参考文献都是 10 篇以上，有些甚至更多，足见参考文献的重要性。如图 6-7 所示，该期刊上刊载的某学术论文参考文献著录达到了 36 条以上。

图书情报工作
第 63 卷 第 18 期 2019 年 9 月

　　(6)：1341 – 1346.

[33]　刘雄, 张宇, 张伟男, 等. 基于依存句法分析的复合事实型问
　　　句分解方法 [J]. 中文信息学报, 2017, 31 (3)：140 – 146.

[34]　KLEIN S, MCCONLOGUE K, SIMMONS R F. Co-occurrence and
　　　dependency logic for answering English questions [J]. Journal of
　　　the American Society for Information Science & Technology, 2014,
　　　15 (3) :196 – 204.

[35]　WANG J, ZHANG J, AN Y, et al. Biomedical event trigger detec-
　　　tion by dependency-based word embedding [J]. Bmc medical ge-
　　　nomics, 2016, 9 (2) :45 – 54.

[36]　高源, 席耀一, 李弼程. 基于依存句法分析与分类器融合的触
　　　发词抽取方法 [J]. 计算机应用研究, 2016, 33 (5)：1407 –

图 6-7　某论文参考文献详情

第三节　学术论文投稿

一、 学术论文投稿流程

　　学术论文投稿，一般是指学术论文投往期刊社，期刊社根据稿件质量、征稿指南、办刊方向等，对稿件处理的过程及结果。

　　学术论文的投稿与处理，对于投稿者来说，需要在不断加强自身科学数据素养的基础上，重视学术道德和规范。同时，在此基础上，应遵照学术论文投稿流程，实现学术论文投稿的科学处理。具体来说，包括 7 个步骤，如图 6-8 所示。

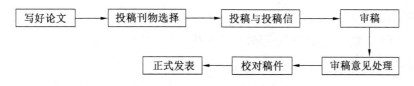

图 6-8　学术论文投稿流程

（一）写好论文

写好论文，应注意避免学术不端行为的发生，遵守学术规范。在保证研究内容创新性、科学性的基础上，把握学术论文的录入与排版、提高文字的表达质量。学术不端和学术规范在相关章节已经做过深入分析，除此之外，学术论文的录入与排版还应注意：学术论文撰写页面的行距、字体、字数应与出版社要求一致；注意专业术语、人名、地名等拼写要求；英文语种的学术论文还应注意美式英语、英式英语的区别，避免使用连字符分隔单词。

在做好学术论文投稿之前，如果有同行评议，应注意学术论文的内容是否新颖、实验描述是否清楚完整、讨论和结论是否合理、参考文献引用是否必要与合理、文字表达和图标使用是否清晰明确等五个方面。

投稿前还需要检查：是否满足期刊要求的份数，包括原件和复印件；作者的通信地址、E-mail地址、电话号码等是否有误；论文格式是否符合刊物要求，包括字数、摘要格式、参考文献格式等；表格和插图等在学术论文中出现的先后顺序是否符合连续编号表达；参考文献格式著录是否准确完整；有无作者原创性声明；等等。

（二）投稿刊物选择

论文水平的自我评估标准包括论文贡献度和价值大小，以及论文写作水平高低。同时，应注意论文写作时是否有新观点、新数据、新方法、新材料或新结论。

投稿刊物选择应包括两方面，即论文水平自我评估、期刊的学术地位。具体来说，选择的投稿刊物要考虑：期刊的学术地位、期刊的评价等级、期刊的学术影响力、期刊征稿指南、期刊的读者对象和报道范围、期刊出版周期、期刊出版论文容量、论文发表费用等。由于学术论文研究存在时效性问题，因此，应在力争尽快发表的前提下，综合考虑各方面因素，实现投稿价值最大化，即以最快的速度将论文发表在最高级别的刊物上，并最大限度地被读者检索和阅读到，真正实现学术论文时间、空间的最广泛交流和传递学术价值。

评价期刊的学术地位，包括期刊所收录论文的水平、期刊在科学界的影响力等。具体来说，期刊的等级包括：

① 期刊是否为核心。如期刊是否被《中文核心期刊要目总览》、CSCD、CSSCI、SCI－E、SSCI、A&HCI、EI 等收录。

② 期刊的报道范围和读者对象。这可以从期刊的"投稿须知""征稿指南"中查询。

③ 出版周期。不建议向不定期出版的期刊、半年刊、季刊、年刊等投稿。

④ 出版论文容量。这主要指期刊一年或一期刊发论文的篇数，一般可以通过访问专

业权威数据库了解期刊每期、每年收录的篇数情况。

⑤ 收费问题。了解期刊论文发表是否免费。如若收费，对于收费期刊还应了解发表论文按版面收费还是按篇收费，以把握文章出版发表的费用承受力。

（三） 投稿与投稿信

投稿时，遵循期刊投稿的"作者须知"规定、尊重拟投稿期刊要求的论文格式、图表要求、参考文献格式等；明确作者信息详情（含通信地址、E-mail、电话、传真等）、将稿件投递给指定收稿单位、做好投稿记录（包括投稿时间、投稿期刊）等。

投稿信，要求简单明了、重点突出、控制字数。具体来说，应注意：用简短的话介绍论文的主要内容，建议或回避审稿人、投稿栏目、作者联系方式，说明稿件没有投递其他刊物或会议。

（四） 审稿

学术论文一般实行三审制：编辑部初审、专家评审、主编终审。论文的录用与发表重点在于专家评审，通常研究内容陈旧、缺乏创新性、重复他人研究、没有重要意义，或者研究内容缺乏说服力、有重大错误等都极易被编辑或审稿专家拒稿（图6-9）。

流程记录表：

阶段名称	处理人	提交时间	估计完成时间	实际完成时间
收稿	编辑部	2019-12-06	2019-12-06	2019-12-06
编 审稿流程说明		2019-12-06	2019-12-09	2019-12-06
责任编辑初审	编辑部	2019-12-06	2019-12-11	2019-12-19
副主编复审	副主编	2019-12-19	2019-12-24	2019-12-19
编委外审	外审专家	2019-12-19	2020-01-09	2019-12-25
退稿	编辑部	2019-12-26	2020-01-09	2019-12-26

图6-9 某刊物审稿流程图（退稿）

（五） 审稿意见处理

投稿后，作者应保持与编辑部联系。如果投稿后，没收到期刊的"收稿回执"，或期刊社在规定的审稿周期内没有通知录用结果时，作者可以通过电话或邮件方式咨询编辑部。

审稿结果一般分为三种：无须修改直接录用、修改后录用、退稿（或退修后再审）。图6-10为修改后录用的某刊物审稿结果。

其中，无须修改直接录用的结果，需跟踪编辑部的后续出版流程，包括版面费的缴纳、纸质原件的邮寄、版权转让书的签字确认等。

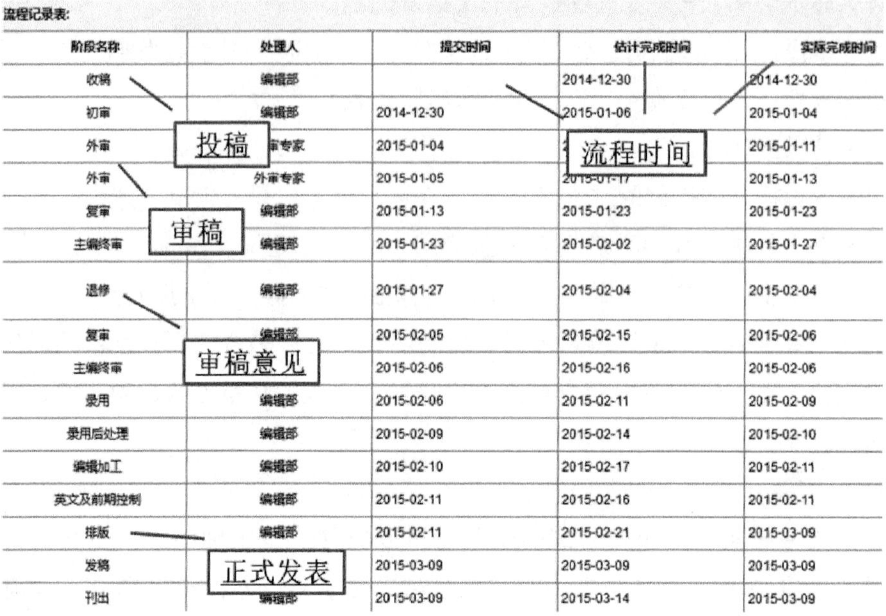

流程记录表：

阶段名称	处理人	提交时间	估计完成时间	实际完成时间
收稿	编辑部		2014-12-30	2014-12-30
初审	编辑部	2014-12-30	2015-01-06	2015-01-04
外审	[illegible]审专家	2015-01-04	[illegible]	2015-01-11
外审	外审专家	2015-01-05	2015-01-17	2015-01-13
复审	编辑部	2015-01-13	2015-01-23	2015-01-23
主编终审	编辑部	2015-01-23	2015-02-02	2015-01-27
退修	编辑部	2015-01-27	2015-02-04	2015-02-04
复审	编辑部	2015-02-05	2015-02-15	2015-02-06
主编终审	编辑部	2015-02-06	2015-02-16	2015-02-06
录用	编辑部	2015-02-06	2015-02-11	2015-02-09
录用后处理	编辑部	2015-02-09	2015-02-14	2015-02-10
编辑加工	编辑部	2015-02-10	2015-02-17	2015-02-11
英文及前期控制	编辑部	2015-02-11	2015-02-16	2015-02-11
排版	编辑部	2015-02-11	2015-02-21	2015-03-09
发稿	编辑部	2015-03-09	2015-03-09	2015-03-09
刊出	编辑部	2015-03-09	2015-03-14	2015-03-09

图 6-10　某刊物审稿流程图（修改后录用）

对于审稿结果为退修后再审，注意一定要仔细阅读审稿人或编辑部提出的修改意见，并逐条按要求修改。如若审稿人或编辑部给出的修改意见不合理，可以坚持己见，但一定要有充分的理由。

另外，根据实际情况，对于退稿的稿件，可以提出申辩（申辩理由要充分）、修改、改投其他刊物、暂缓发表等。

（六）校对、发表

校对稿要求作者仔细校对后发给编辑部，包括中英文摘要一致、参考文献引用准确、作者署名准确、联系方式无误等。校对之后的流程就是正式发表了。

二、学术论文投稿途径

（一）一般投稿方式

根据期刊社和出版单位的收稿方式，一般投稿方式有 4 种：纸质打印件邮寄投稿、电子邮箱投稿、期刊社约稿、期刊社投稿系统。

随着互联网技术、计算机技术等的深入发展，在已有的投稿方式中，纸质打印件邮寄投稿方式越来越少，因为这种投稿方式不利于作者与期刊社之间的沟通和联系、及时了解和反馈审稿流程等。目前，期刊社投稿系统成为学术论文投稿的主流途径。

（二） 快速获取投稿途径

快速获取投稿途径主要有 5 种：个人经验、权威数据库链接、主办单位主页、Spicholar 学术资源在线、中国学术期刊论文投稿平台。

1. 个人经验

个人经验，一般是指平时有过投稿成功经历的作者，在重新投稿时可以参考以往经验，或者经过同学、同事、老师等介绍或推荐符合学术论文主题收稿期刊的投稿方式，进而向目的期刊投稿。

2. 权威数据库链接

权威数据库链接主要是指 SCI–E、SSCI、A&HCI、EI、CSSCI、CSCD 等检索平台上提供了获取期刊详情的延伸功能，如 SCI–E、SSCI、A&HCI 对收录期刊提供"出版商处的全文"的链接功能；CSSCI、CSCD 收录期刊目录指示的刊物详情，包括出版商、ISSN、CN、联系方式等。图 6-11 是通过 CSSCI （http：//cssci. nju. edu. cn/）官方访问后获得的 CSSCI 来源期刊（2019—2020）目录，包括学科名称、期刊名称、主办单位等详情。作者可以通过主办单位主页获取相关期刊的投稿途径。

CSSCI 来源期刊（2019-2020）目录

（共 568 种，分学科按刊名音序排列）

序号	学科名称	期刊名称	主办单位
1	马克思主义理论	当代世界社会主义问题	山东大学当代社会主义研究所
2	马克思主义理论	当代世界与社会主义	中央党史和文献研究院、中国国际共运史学会
3	马克思主义理论	党的文献	中央党史和文献研究院、中央档案馆
4	马克思主义理论	党建	中共中央宣传部

图 6-11 CSSCI 收录目录

【实例 6-7】 通过 SCI–E 数据库，获得期刊 *Cancer* 主页及刊物详情，包括 ISSN、被 SCIE 收录年份、影响因子、分区、投稿方式等。

【题解】 通过访问 Web of Science 核心合集的 SCI–E 数据库，可以实现以上的检索需求。第一步，打开 WOS 核心合集，输入刊名 Cancer；第二步，获取"出版商处的全文"（图 6-12）；第三步，访问获取到全文界面及刊物详情；第四步，访问期刊社主页（https：//www. cancer. org/）及刊物详情介绍（https：//acsjournals. onlinelibrary. wiley. com/hub/journal/10970142/homepage/contact. html）（图 6-13）。

图 6-12　获取"出版商处的全文"

图 6-13　期刊社详情

3. 主办单位主页

已知主办单位名称，通过搜索引擎等方式获得主办单位的主页信息，再通过主页信息获得主办单位旗下的所有刊物信息。如通过中国知网的"期刊导航"（http://navi. cnki. net/）功能，获得目的期刊的主办单位信息，然后通过百度搜索引擎找到该主办单位的主页，进而批量获得该主办单位旗下的刊物详情。也可以已知主办单位名称，直接获得该主办单位的相应刊物情况。

【**实例 6-8**】　如何获取期刊《农业经济问题》的投稿方式？

【**题解**】　第一步，访问中国知网（http://navi. cnki. net/）检索获得《农业经济问题》主办单位为中国农业经济学会、中国农业科学院，该刊物的出版周期、刊物影响力、被数据库收录的情况（图6-14）。第二步，获得中国农业科学院主页信息，且批量获得该主办单位旗下的60余种期刊信息。图6-15为获取到的《农业经济问题》期刊社投稿主页，http：//www. iaecn. cn/。

图 6-14　《农业经济问题》刊物详情

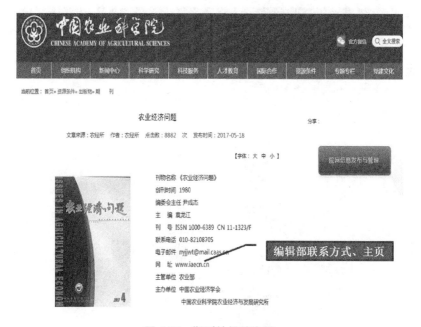

图 6-15　期刊社投稿主页

4. Spischolar 学术资源在线：http：//www. spischolar. com/

Spischolar 学术资源在线提供学术期刊指南、学术搜索两种功能。其中，学术期刊指南提供 SCI－E、SSCI、中科院分区表、CSSCI、CSCD 等最新期刊收录情况、影响因子、官方网站等详情（图 6-16、图 6-17）。

图 6-16　"学术期刊指南"界面

图 6-17　获取到"期刊官网"主页信息

5. 中国学术期刊论文投稿平台：http：//cb. cnki. net/

中国学术期刊论文投稿平台提供按照研究领域、出版方式、权威数据库收录、费用情况等限定条件，检索期刊的投稿方式。作者登录该平台可获取相应的被收录期刊的投稿方式。图 6-18 为检索获取《中国农学通报》的投稿途径。

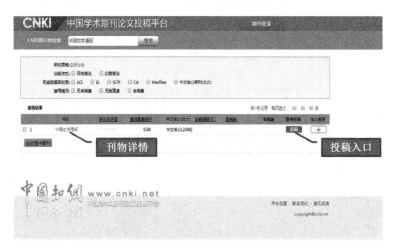

图 6-18　CNKI 期刊论文投稿平台

实习题

1. 简述检索获取英文期刊 *The Journal of Peasant Studies*（SSCI 收录）、*Technovation*（SCI－E 收录）的投稿方式。

2. 简述检索获取中文期刊《机械科学与技术》（ISSN 1003－8728）、《中国农机化学报》（ISSN 2095－5553）的投稿方式。

3. 学术论文的撰写格式及投稿流程包括哪些?

第七章

个人文献管理软件及其应用

本章主要介绍个人文献管理软件的概念、发展历程、常见的参考文献管理软件的应用，要求掌握至少一种文献管理软件的应用。

关键术语

个人文献管理软件　　参考文献管理软件

本章提要

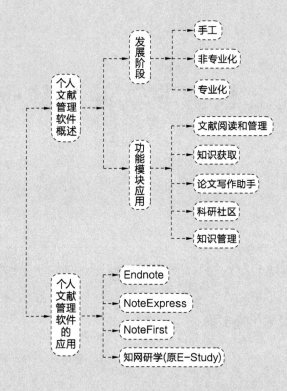

第一节 个人文献管理软件概述

一、 个人文献管理软件发展阶段

（一） 概念

参考文献源于科技工作者在从事科研工作时，参考引用的各类信息资料。传统的参考文献管理中，科技工作者需要亲自查阅文献，手工摘录信息，然后再按照一定的格式进行整理。

随着信息技术的发展，先后产生了具备自动标引、文献检索、文档编辑等功能的参考文献管理软件。个人文献管理软件，又称为参考文献管理软件，是出于研究和学习的目的，为提高对文献信息检索、收集的工作效率，实现对已检索到信息有效组织和管理的文献管理软件。

（二） 发展阶段

个人参考文献管理的发展经历了手工整理参考文献、非专业化工具管理、专业化工具管理三个阶段。

手工整理参考文献时期，科研工作者阅读纸质文献，并进行手抄、复印或剪报等方式，对参考文献进行整理，效率较低。

互联网诞生以后，出现了非专业化工具管理参考文献。尤其是数字信息、电子文献的出现，科技工作者开始使用 Excel 表格、资源管理器等对参考文献整理、编辑。这种方式优于手工整理参考文献，但总体来说效率也不高。

专业化工具管理阶段，出现了专门管理文献的参考文献管理软件，效率较高。参考文献管理软件，又称书目数据库。随着互联网的发展和计算机技术的进一步应用，专业化工具管理的参考文献管理软件经历了三个重要时期。

以国内外 EndNote、Reference Manager（简称 RM）、NoteExpress 为代表的第一代产品，是最早的单机版文献管理软件。之后，进入以 EndNote Web、新科学为代表的局域网版文献管理软件或文献管理网站时期。这一时期的产品可以理解为专业化工具管理的第二代产品，较大地满足了科技工作者的文献管理需求，但也有一定的局限性。如 EndNote Web 不能添加 WORD 文档或 PDF 文件，功能使用受限。如何找到一种比较理想的解决方案，实现科技工作者在管理个人文献信息时突破地域、时空限制，实现多种类型文件的分类管理、支持不同阅读器阅读、支持 word/ppt/txt 等文本与 PDF 之间转换、支持在线检索与阅读、支持论文写作与排版、支持数字笔记的记录与评阅等多功能应用？以 EndNote X9、NoteFirst、NoteExpress V3 等最新版本为代表的第三代个人参考文献管理软件产品，满足了科技工作者对参考文献管理软件的应用环境、功能模块的要求，提高了科研文献管理效率。

二、 个人文献管理软件功能模块应用

最新个人文献管理软件的构架是在虚拟参考文献管理数据库硬件平台上，面向图书馆、信息机构、科研机构或终端个人用户，建立联机账户，实现一站式文件阅读和管理、知识深度学习、数字笔记记录、论文写作与排版、论文检索与下载、在线投稿等应用服务功能。个人文献管理软件的各个功能模块，可最大限度地实现对个人信息的访问、存储、管理与应用。

（一） 文献阅读和管理

文献管理是为了更好地进行文献阅读。文献管理是参考文献管理软件的基础功能，也是早期诞生专业参考文献管理软件的重要原因。参考文献管理软件的应用，实现了用户对所需文献信息的查询、管理、编辑、加工、整理，有利于个人知识库的建设。

目前，个人文献管理软件基本都可以实现对多种类型文件的分类管理、支持全球主要学术成果的文件格式，包括 PDF、CAJ、TEB、KDH、NH 等文件的管理和阅读。也有部分文献管理软件可以实现对 JPG 图片格式文件、TXT 和 WORD 文本格式文件等的预览功能，提供不同文件之间的格式转换。如中国知网的"知网研学"文献管理软件，支持将 WORD、PPT、TXT 文件格式转换为 PDF 格式。

（二） 知识获取

知识获取首先表现的是学术搜索功能。个人文献管理软件后台基本都会嵌入学术搜索功能，实现与互联网学术资源获取的对接。部分参考文献管理软件应用功能具备访问网络学术资源引擎、专业数据库的功能。除此之外，还具备对个人知识库中相关资源检索的一站式访问功能。具体来说，这种功能一般都支持检索专业数据库，如中国知网、维普数据库、万方数据库、Springer、ScienceDirect 等中外文资源，将检索到的文献信息导入各专题；用户根据设置的账号信息情况，实现全文下载而不需要登录访问相应的数据库系统。

其次是 RSS 订阅、主题订阅等功能。通过个人文献管理软件可以实现将所需期刊、主题进行订阅后的自动推送，也可以将网络中的某个网页、网页中选中的文字、屏幕选

中区域等一键保存形成知识卡片。

（三） 论文写作助手

个人文献管理软件提供论文写作助手的功能，如支持论文写作、排版、投稿。该功能模块是基于 WORD 的通用协作功能，提供面向论文、著作等学术写作功能。具体来说，包括插入引文、编辑引文、根据不同的刊物要求编辑参考文献著录和排版格式。撰写完排版的文章，作者可以直接选择需要投稿的期刊，进入相应期刊的作者投稿系统实现在线投稿。

（四） 科研社区

科研社区有利于科研团队之间、科研工作者之间知识成果的自动累积、传递与分享，发挥科研的合作力量。这种功能可以实现科研团队的各个成员阅读相关文献、记录笔记、实验进展等记录自动保存在 PC 用户端，也可以根据用户需求保存在参考文献管理软件的账户中，实现团队知识信息分享。

（五） 知识管理

知识管理主要是指个人文献管理软件可以提供文献、笔记、实验记录、知识卡片等的分类、标签、快速检索、随文数字笔记等功能。如题录导入功能，是指支持浏览器浏览获得网上信息的题录导入、下载到指定的个人文献管理软件的专题节点中。例如，中国知网支持 chrome 浏览器、opera 浏览器的使用，从中国知网、维普、百度学术、Springer、Wiley、ScienceDirect 等网站中导入、下载到指定专题节点中；NoteFirst 的知识卡片功能可以实现对珍贵知识财富的获取、编辑、管理，将网络上不易被搜集和管理的零散珍贵知识碎片、个人电脑中累积的知识碎片财富整理有序，实现对网络与个人电脑中的知识碎片，诸如网页、图片等的快速管理。

第二节　个人文献管理软件的应用

出于研究和学习的目的，科研工作者在做大量文献信息检索和收集工作时，都有个人倾向的个人文献管理软件，实现对个人文献信息的有效组织和管理，建立"个人图书馆"，减少在利用个人文献信息时不必要的麻烦，提高科研工作效率。各种版本的个人文献管理软件的功能大同小异，本节主要介绍四款个人文献管理软件，详细介绍"知网研学"的个人文献管理软件，学习者可以根据需要选择适合自己的个人文献管理软件，提高学习、科研的工作效率。

一、EndNote

（一）EndNote 功能简述

EndNote 是科睿唯安公司推出的一款集参考文献管理、引文分析、期刊投稿、科研数据获取等功能为一体的个人文献管理软件。目前，EndNote 已经更新到 EndNote X9 版本，支持 EndNote 网络版和 EndNote 单机版。

EndNote 平台的功能主要体现在：① 可以与 Web of Science 实现无缝集成，一键生成引文分析报告、分析参考文献的影响力；一键访问文献全记录页面和相关记录，快速实时获取科技信息。② 实现分组共享，将制定的文献信息分组共享给其他科研用户。③ 实现共享权限管理功能，共享时可以限定访问权限，如"只读""读写"。④ 支持新媒体参考文献类型创建指定的参考书目，如博客、多媒体、设计媒体等。⑤ 支持 Chicago、AMA、MLA、APA 等参考文献引用格式，提高参考文献目录的准确性。

（二）EndNote 的使用

EndNote 提供机构版，要求机构购买 EndNote 使用权限，通过 https：//clari-vate. com. cn/products/endnote-site-license/获取相应信息。EndNote 也提供 30 天免费使用权限（https：//endnote. com/downloads/30-day-trial/）。有关 EndNote 的使用指南及视频在主页中均有提供（https：//clarivate. com. cn/training/endnote/）。

二、NoteExpress

（一）NoteExpress 功能简述

NoteExpress 由成立于 2011 年的北京爱琴海乐之技术有限公司研发，简称 NE。NE 平台的主要功能包括：① 支持多屏幕、跨平台协同写作，如 NoteExpress 客户端、浏览器插件和青提文献 App，实现在不同屏幕、不同平台之间，利用碎片时间，完成文献追踪和收集工作。② 支持识别全文文献中的标题、DOI 等关键信息，并自动更新补全题录元数据。③ 内置近五年的 JCR 期刊影响因子、国内外主流期刊收录范围和中科院期刊分区数据，实现添加文献的同时，自动匹配填充相关信息。④ 支持使用微软 Office Word 或金山 WPS。撰写科研论文时，利用内置的写作插件实现边写作边引用参考文献；支持 4000 余种期刊参考文献的自动生成。

（二）NoteExpress 的使用

NoteExpress 目前已经更新到了 NoteExpress V3. X 版本，提供个人版、集体版两种版本，访问网址为：http：//www. inoteexpress. com/aegean/index. php/home/ne/index. html。该网址还提供了在线下载、安装、使用功能的视频教程，学习者可以在线获取。

三、 NoteFirst

（一）NoteFirst 功能简述

NoteFirst 是由西安知先信息公司研发的一款集科技期刊、文献数据库管理和软件应用为一体的软件，提供文献资料管理、论文写作及科研协作工具。其主要功能包括文献收集管理、论文写作帮助、科研协作交流、学术信息搜索等。具体来说，知识获取功能包括期刊 RSS 订阅、主题订阅、网页或网页上文字的一键保存；知识管理可以实现文献、笔记、实验记录、知识卡片分类、标签等；论文写作助手功能可以实现论文写作时参考文献的自动生成，提供常见论文模块和范例、引文样式、实验记录模板和范例等。团队科研协作可以实现各类知识资源在团队中的分享，阅读、实验任务管理，实验耗材、团队物品的管理，以及个人知识库的组建。

（二） NoteFirst 的使用

通过访问 http：//www. notefirst. com/download/，下载 NoteFirst 安装客户端，并注册账号后使用。NoteFirst 支持个人账号、机构账号的使用，对于使用中的操作问题，可以通过 http：//www. notefirst. com/faq/获取使用指南。

四、 知网研学

（一） 知网研学的简述

知网研学，原名 E-Study，是中国知网数据库公司旗下的一款个人文献管理软件，集文献检索、下载、管理、笔记、写作、投稿于一体。目前，知网研学支持 PC、Mac、iPad 平台的应用。下载安装程序网址为 http：//elearning. cnki. net/，PC 端更新到 Windows 4.2.2 版本，Mac 端更新到 Mac 2.2 版本。

（二） 知网研学的使用

1. 主要功能

（1）将平时积累的参考文献输入到知网研学所定义的数据库中，形成个人参考文献管理数据库，也可以定义为"个人图书馆"。对于知网研学中的"学习专题"，可以自定义各类子专题，子专题下又可再进一步设置自定义的子专题（图 7-1）。

（2）参考文献数据库管理个人文献，包括通过分类、排序、检索等功能。检索结果可以保存到指定的目录中，供平时学习、研究使用。

（3）在线投稿。按照不同的出版要求，输出指定参考文献格式。撰写完排版后的论文可以直接选择要投稿的期刊，即可进入相应期刊的作者投稿系统进行在线投稿。

（4）可以直接连接互联网数据资源，包括中国知网、维普数据库、百度学术、Springer、Wiley、ScienceDirect 等，支持将题录从浏览器中导出，下载到知网研学的指定文件夹中。

（5）记录数字笔记添加功能，在阅读过程中记录笔记并与参考文献连接起来，在写作过程中随时插到文章的相应位置。支持将文献内的有用信息记录，随手记录读者的想法、问题及评论等；支持笔记的多种管理方式，包括时间段、标签、笔记星标；支持将网页内容添加为笔记。

（6）文献检索和下载。支持 CNKI 学术总库、CNKI Scholar、CrossRef、IEEE、PubMed、ScienceDirect、Springer 等中外文数据库检索，将检索到的文献信息直接导入专题中；根据用户设置的账号信息，自动下载全文，不需要登录相应的数据库系统。

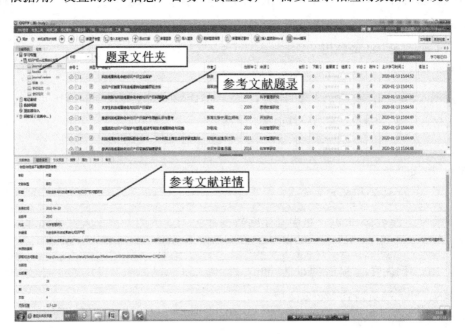

图 7-1　知网研学主界面

2. 使用

（1）通过导入题录建立知网研学的参考文献数据库

知网研学是通过题录（期刊、专利、标准、学位论文、会议论文等条目）为核心进行管理的，建立新题录数据的"学习专题"后，根据所需要的文献题录添加到数据库中。知网研学主要提供三种导入题录的方式：手工录入、在线检索批量导入、数据库检索题录导入。数据库检索题录导入的流程中，应注意三个步骤，即在数据库中勾选命中题录信息、从数据库导出知网研学题库数据格式、自动导入生成题录信息，如图7-2、图7-3、图7-4所示。

图7-2 数据库中勾选命中题录信息

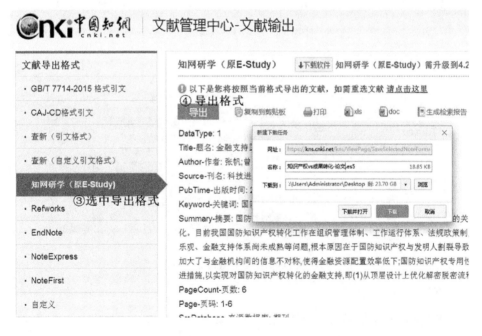

图7-3 数据库导出知网研学题录数据格式

图 7-4 自动导入生成题录信息

（2）参考文献自动生成

点击选中题录信息，插入 wrod 中，可以自动生成所需的参考文献（图 7-5）。

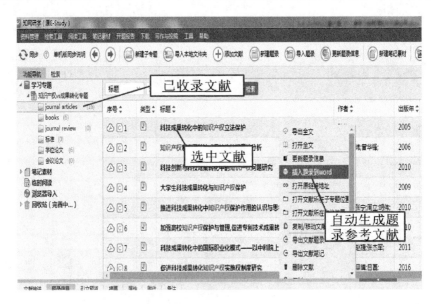

图 7-5 参考文献自动生成

（3）更新题录

若自动生成的题录信息与原题录信息不一致，可以通过"更新题录"功能修改、添加新的信息（图 7-6）。

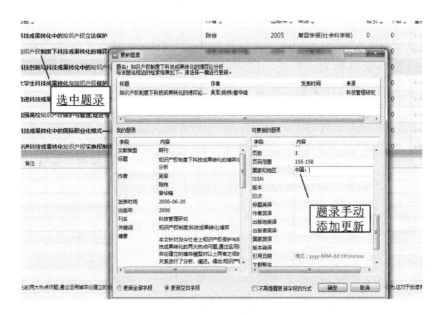

图 7-6 更新题录信息

（4）写作与投稿

知网研学中的"写作与投稿"提供选择出版物撰写论文、进入 word 撰写、选择出版物投稿、CNKI 投稿中心和管理我的投稿五种功能。目前，CNKI 投稿中心提供 775 种中文期刊、422 种外文期刊的投稿指南（图 7-7）。

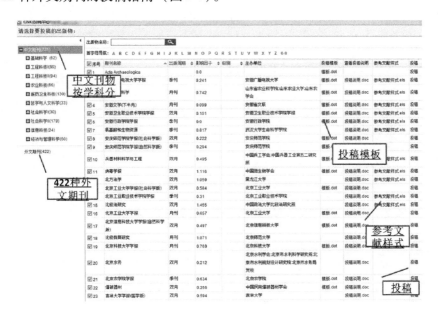

图 7-7 中外文期刊投稿指南

（5）检索工具

知网研学的"检索工具"功能，支持将中国知网平台的延伸功能无缝链接，主要提供学者检索、科研项目检索、工具书检索、学术概念检索、翻译助手、统计指标检索、学术图片搜索、学术表格搜索和 Google Scholar 等功能（图 7-8）。

图 7-8　检索工具界面

基本上所有的个人参考文献管理软件的免费应用功能都是有限的，有些需要通过付费或购买机构账号权限实现。但个人参考文献在个人文献管理、检索、应用等方面给用户的学习、工作、科研带来了便利，提高了科研效率。

实习题

1. 学会一款参考文献管理软件的使用。

参考文献

［1］中国国家标准化管理委员会.信息与文献参考文献著录规则:3 术语与定义［S］.北京:中国标准出版社,2015:12.

［2］全国科学技术名词审定委员会事务中心.术语在线［EB/OL］.［2019－02－16］.http://www. termonline. cn/.

［3］中华人民共和国中央人民政府.历年国务院政府工作报告［EB/OL］.（2018－03－05）［2019－02－12］.http://www. gov. cn/guowuyuan/baogao. htm.

［4］中华人民共和国中央人民政府.宏观经济运行情况［EB/OL］.［2019－02－12］.http://www. gov. cn/shuju/index. htm.

［5］中国科学院.中国植物主题数据库［EB/OL］.［2019－02－13］.http://www. plant. csdb. cn/.

［6］管理科学技术名词审定委员会.管理科学技术名词［M］.北京:科学出版社,2016.

［7］中华人民共和国科学技术部.科技部关于印发《"十三五"国家社会发展科技创新规划》的通知［EB/OL］.（2016－12－26）［2019－02－24］.http://www. most. gov. cn/mostinfo/xinxifenlei/fgzc/gfxwj/gfxwj2016/201703/t20170315_131996. htm.

［8］张家界丝丝湘食品有限公司.一种杜仲红薯粉及其生产方法:CN201210156908. 2［P/OL］.［2012－08－22］.http://dbpub. cnki. net/grid2008/dbpub/detail. aspx? dbcode＝SCPD&dbname＝SCPD2012&filename＝CN102640910A.

［9］中华人民共和国教育部.教育部关于印发《普通高等学校图书馆规程》的通知［EB/OL］.（2016－01－04）［2019－02－26］.http://www. moe. gov. cn/srcsite/A08/moe_736/s3886/201601/t20160120_228487. html.

［10］国务院.国务院办公厅关于印发科学数据管理办法的通知［EB/OL］.（2018－03－17）［2020－01－01］.http://www. gov. cn/zhengce/content/2018－04/02/content_5279272. htm.

［11］张娟.美国数字素养教育现状及启示［J］.图书情报工作,2018,62(11):135－142.

［12］张倩苇,尹睿,水玲玲.信息素养:开启学术研究之门［EB/OL］.［2020 - 01 - 01］. https：//www.icourse163.org/learn/scnu - 1002919011？tid = 1205983217 #/learn/content？type = detail&id = 1210525337&cid = 1212671695.

［13］黄如花.信息检索［EB/OL］.［2020 - 01 - 07］.https：//www.icourse163.org/learn/scnu - 1002919011？tid = 1205983217 #/learn/content？type = detail&id = 1210525337&cid = 1212671695.

［14］术语在线.信息源［EB/OL］.［2020 - 01 - 01］.http：//www.termonline.cn/list.htm？k = 信息源.

［15］陈振标.文献信息检索、分析与应用［M］.北京:海洋出版社,2016.

［16］林墨.H 指数多高才能评上教授？［EB/OL］.（2017 - 11 - 28）［2020 - 01 - 01］. http：//blog.sciencenet.cn/blog - 1792012 - 1087213.html.

［17］教育部科技发展中心.科技查新规范［EB/OL］.［2019 - 11 - 12］.http：//www. cutech.edu.cn/cn/zcfg/kjcg/webinfo/2003/06/1180054675692902.htm.

［18］中国知网.中国知识基础设施工程［EB/OL］.［2019 - 05 - 24］.http：//www.cnki. net/gycnki/gycnki.htm.

［19］中国科学文献情报中心.中国科学引文数据库［EB/OL］.［2019 - 05 - 27］.http：// sciencechina.cn/.

［20］重庆维普.关于我们［EB/OL］.［2020 - 01 - 01］.http：//www.vipinfo.com.cn/html/list.aspx？sid = 6&type = company&from = index.

［21］中国互联网信息中心.2019 年中国网民搜索引擎使用情况研究报告［EB/OL］. （2019 - 10 - 25）［2020 - 01 - 04］.http：//www.cnnic.net.cn/hlwfzyj/hlwxzbg/ssbg/201910/t20191025_70843.htm.

［22］中国互联网信息中心.第 44 次《中国互联网络发展状况统计报告》［EB/OL］. （2019 - 08 - 30）［2020 - 01 - 04］.http：//www.cnnic.net.cn/hlwfzyj/hlwxzbg/hlwtjbg/201908/t20190830_70800.htm.

［23］搜狐网.学术条例最严的美国大学——弗吉尼亚大学［EB/OL］.（2018 - 05 - 05）［2019 - 07 - 06］.http：//www.sohu.com/a/230511131_490529.

［24］曹树基.学术不端行为:概念及惩治［J］.社会科学论坛,2005(3):36 - 40.

［25］叶青,林汉枫,张月红.图片中学术不端的类型及防范措施［J］.编辑学报,2019, 31(1):45 - 50.

［26］百度文库.学术期刊论文不端行为界定标准［EB/OL］.［2019 - 07 - 06］.https：//

wenku. baidu. com/view/96b80dbebed5b9f3f80f1c64. html.

［27］全国新闻出版标准化技术委员会. 中华人民共和国新闻出版行业标准 CY/T 118 - 2015 学术出版规范一般要求［S/OL］. https：//www. docin. com/p - 2163604153. html.

［28］清华大学深圳研究生院. 关于对叶肖鑫学术不端问题调查处理情况的说明［EB/OL］.［2019 - 07 - 07］. https：//www. sz. tsinghua. edu. cn/zytz/108472. jhtml.

［29］中国社会科学网. 学术不端人人喊打［EB/OL］.［2019 - 07 - 07］. http：//cache. baiducontent. com/.

［30］教育部. 高等学校学术委员会规程［EB/OL］.［2019 - 07 - 07］. http：//old. moe. gov. cn//publicfiles/business/htmlfiles/moe/moe_621/201402/xxgk_163994. html.

［31］教育部. 教育部关于印发教育部社会科学委员会《高等学校哲学社会科学研究学术规范（试行）》的通知［EB/OL］.［2019 - 07 - 07］. http：//www. moe. gov. cn/srcsite/A13/moe_2557/s3103/200408/t20040816_80540. html.

［32］中央人民政府. 关于进一步加强科研诚信建设的若干意见［EB/OL］.［2019 - 07 - 07］. http：//www. gov. cn/home/2018 - 05/30/content_5294894. htm.

［33］清华同方.《学术出版规范　期刊学术不端行为界定》等新闻出版领域 14 项行业标准正式发布［EB/OL］.［2019 - 07 - 07］. http：//www. thtf. com. cn/news/2019/1544. html.

［34］教育部. 高等学校预防与处理学术不端行为办法［EB/OL］.（2016 - 09 - 01）［2020 - 01 - 05］. http：//www. moe. gov. cn/srcsite/A02/s5911/moe_621/201607/t20160718_272156. html.

［35］教育部. 教育部办公厅关于严厉查处高等学校学位论文买卖、代写行为的通知［EB/OL］.（2018 - 07 - 10）［2020 - 01 - 08］. http：//www. moe. gov. cn/srcsite/A11/s8388/201807/t20180718_343403. html.

［36］东南大学. 学术不端典型案例展示［EB/OL］.（2018 - 11 - 19）［2020 - 01 - 05］. https：//jw. seu. edu. cn/2018/1119/c2486a246434/pagem. psp.

［37］北京青年报. 北电撤销翟天临博士学位［EB/OL］.（2019 - 02 - 20）［2020 - 01 - 05］. http：//epaper. ynet. com/html/2019 - 02/20/node_1342. htm.

［38］教育部. 教育部关于加强学术道德建设的若干意见［EB/OL］.［2020 - 01 - 06］. http：//www. moe. gov. cn/jyb_sjzl/moe_364/moe_258/moe_441/tnull_5512. html.

［39］教育部. 教育部关于印发教育部社会科学委员会《高等学校哲学社会科学研究学术规范（试行）》的通知［EB/OL］.（2004 - 08 - 16）［2020 - 01 - 06］. http：//old. moe. gov. cn/publicfiles/business/htmlfiles/moe/s3103/201001/xxgk_80540. html.

［40］中央财经政法大学.中国科协关于科技工作者科学道德规范（试行）［EB/OL］.（2018 - 08 - 16）［2020 - 01 - 06］. http：// jjxy. zuel. edu. cn/2018/0806/c7081a197587/page. htm.

［41］中央人民政府.中共中央办公厅、国务院办公厅印发《关于进一步加强科研诚信建设的若干意见》［EB/OL］.（2018 - 05 - 03）［2020 - 01 - 06］. http：// www. gov. cn/gong-bao/content/2018/content_5299602. htm.

［42］于双成,李玉玲,李正红.向国外医学期刊投稿时著录参考文献的若干问题［J］.医学与社会,2003(04):54 - 55.

［43］百度文库. 论文投稿与注意事项［EB/OL］.［2020 - 01 - 11］. https：// wenku. baidu. com/view/345a7997e55c3b3567ec102de2bd960591c6d942. html.

［44］科技部.关于印发《科技查新机构管理办法》、《科技查新规范》的通知［EB/OL］.［2019 - 07 - 17］. http：// www. gov. cn/gongbao/content/2001/content_61052. htm.

［45］教育部科技发展中心. 科技查新规范［EB/OL］.［2019 - 07 - 17］. http：// www. cutech. edu. cn/cn/zcfg/kjcg/webinfo/2003/06/1180054675692902. htm.

［46］赵大良.学术论文写作新解——以主编和审稿人的视角［M］.2 版. 西安:西安交通大学出版社,2018.

［47］金振奎,金明,贾若溪. 学术论文写作方法与技巧［M］. 北京:石油工业出版社,2018.

［48］山东科技大学.学术论文的撰写与投稿［EB/OL］.（2012 - 09 - 28）［2020 - 01 - 09］. https：// www. doc88. com/p - 905969646671. html.

［49］百度文库.文献检索、信息筛选及论文投稿的方法和技巧(2)［EB/OL］.［2020 - 01 - 11］. https：// wenku. baidu. com/view/aeaa0c2aed630b1c59eeb54d. html.

［50］百度文库. 论文投稿与注意事项［EB/OL］.［2020 - 01 - 11］. https：// wenku. baidu. com/view/345a7997e55c3b3567ec102de2bd960591c6d942. html.

［51］刘敏.参考文献管理软件的探讨和应用实践［J］. 山东图书馆学刊,2012(04):75 - 77.

［52］科睿唯安. EndNote［EB/OL］.［2020 - 01 - 13］. https：// clarivate. com. cn/train-ing/endnote/.

［53］北京爱琴海乐之技术有限公司. NoteExpress［EB/OL］.［2020 - 01 - 13］. http：// www. inoteexpress. com/aegean/index. php/home/ne/index. html.

［54］全国新闻出版标准化技术委员会.（CY/T170 - 2019）学术出版规范　表格［S］.

北京:中国标准出版社,2019.

[55] 全国新闻出版标准化技术委员会.(CYT 171 – 2019)学术出版规范 插图[S].北京:中国标准出版社,2019.

[56] 全国新闻出版标准化技术委员会.(CYT 172 – 2019)学术出版规范 图书出版流程管理[S].北京:中国标准出版社,2019.

[57] 全国新闻出版标准化技术委员会.(CYT 173 – 2019)学术出版规范 关键词编写规则[S].北京:中国标准出版社,2019.

[58] 全国新闻出版标准化技术委员会.(CYT 174 – 2019)学术出版规范 期刊学术不端行为界定[S].北京:中国标准出版社,2019.

[59] 中国国家标准化管理委员会.(GB/T 28039 – 2011)中国人名汉语拼音字母拼写规则[S].北京:中国标准出版社,2019.

[60] 中国国家标准化管理委员会.(GB/T 15834 – 2011)标点符号用法[S].北京:中国标准出版社,2019.

[61] 全国信息与文献标准化技术委员会.(GB/T 7714 – 2015)信息与文献 参考文献著录规则[S].北京:中国标准出版社,2015.

[62] 全国文献工作标准化技术委员会.(GB7713 – 87)科学技术报告、学位论文和学术论文的编写格式[S].北京:国家标准局,1987.

[63] 刘敏,许伍霞,曹小宇.信息检索与利用[M].镇江:江苏大学出版社,2019.